Sylvia und Alfred Sobel (Hg.)

Es wird Zeit, wieder an Gott zu denken

Glaubenszeugnisse

Sylvia und Alfred Sobel (Hg.)

Es wird Zeit, wieder an Gott zu denken

Glaubenszeugnisse

media maria

MIX
Papier | Fördert gute Waldnutzung
FSC® C014138
FSC
www.fsc.org

Es wird Zeit, wieder an Gott zu denken
Glaubenszeugnisse
Sylvia und Alfred Sobel (Hg.)

ISBN 978-3-947931-99-6
www.media-maria.de

Im Sakrament der Eucharistie begegnet uns
der schweigsame Gott und spricht zu uns.

Sylvia Sobel

INHALT

Vorwort
Der Weg nach Hause

Du würdest mich nicht suchen, wenn du mich nicht gefunden hättest.

Blaise Pascal

Ein Konvertit ist jemand, der umkehrt oder eine Wende in seinem Leben vollzieht. Genau dies bedeutet ja der lateinische Begriff »convertere«. Konvertiten haben sich bewusst, oftmals sogar leidenschaftlich, für eine »Lebenswende« entschieden und geben daher gerne Zeugnis von dem, was sie zu diesem Schritt veranlasste. Jedoch immer im Bewusstsein, dem die Ehre und den Dank zukommen zu lassen, dem sie gebühren: unserem Herrn und Schöpfer.

Im vorliegenden Buch kommen Frauen und Männer zu Wort, die Gottes Eingreifen in ihrem Leben erlebt und diese Lebenswende erfahren und vollzogen haben. Sie wollen dies bezeugen in einer Zeit, die Gott aus dem menschlichen Denken und Erleben mehr und mehr verdrängt und den Menschen an Gottes Stelle zu setzen bestrebt ist.

Darum sind lebendige und leidenschaftliche Bekenntnisse zum persönlichen Glauben heute so wertvoll und notwendig.

Die vorliegenden Zeugnisse sind so vielfältig wie das Leben: blitzartige Bekehrungen, aber ebenso langsame, zweifelnde und hoffnungsvolle Wege zum Glauben und schließlich zur katholischen Kirche, die endlich zur Heimat für alle Suchenden geworden ist.

Die Konvertiten erzählen bewegend, lebensnah und persönlich, wie sie zur allumfassenden katholischen Kirche gefunden haben und was ihnen die katholische Liturgie, ihre Sakramente und die Traditionen bedeuten, welche Heilige sie auf ihrem Pilgerweg des Lebens stärken und begleiten und wie die sieben Sakramente ihr Leben bereichern und erhellen. Der »Hauptdarsteller« dieses Buches ist freilich der dreieine Gott, sein Wirken und sein Eingreifen in das Leben eines Menschen, der ihn sucht, sich ihm öffnet und sich auf ihn einlässt.

Papst Benedikt XVI. hat folgenden Ausspruch geprägt: »Es gibt so viele Wege zu Gott, wie es Menschen gibt.« Die hier versammelten Konvertiten haben ihren Weg zu Gott gefunden innerhalb der katholischen Kirche mit ihren zahlreichen spirituellen Schätzen.[1]

---

[1] Vgl. Alfred und Sylvia Sobel: Spirituelle Schätze entdecken. Was wir von Männern und Frauen Gottes lernen können, Aachen 2021.

Einer der zahlreichen Schätze ist mit Sicherheit das mystische Element der katholischen Liturgie, welches Johann Scheffler, besser bekannt als Angelus Silesius, bereits im 17. Jahrhundert dazu brachte, als Protestant mit 29 Jahren zu konvertieren, um in der katholischen Kirche seine Heimat zu finden. Ebenso erging es dem norwegischen Nobelpreisträger Jon Fosse in unserem Jahrhundert, der über die intensive Lektüre Meister Eckharts und seiner Sehnsucht nach Mystik den Weg in die katholische Kirche gefunden hat.

Bei aller Verschiedenheit der Persönlichkeiten und ihrer Biografien ist allen doch eines gemeinsam: die Suche nach etwas, das größer ist als alle Vorstellungen vom Leben, und eine Ahnung von etwas, das unser Leben mit unendlicher Liebe in den Händen hält, vor aller Leistung und trotz aller Schuld.

Benjamin Franklin erkannte: »Wenn wir aufhören, uns zu verändern, sind wir am Ende.« In diesem Sinne hat ein jeder der Konvertiten einen Anfang gemacht. Einen Anfang mit Gott in seinem Leben.

Sehr unterschiedliche Persönlichkeiten kommen zu Wort: ein Chefredakteur (Ingo Langner), eine Musikerin und Journalistin (Anna Diouf), eine Künstlerin (Isabelle Velandia), eine wissenschaftliche Mitarbeiterin (Susanne Hartfiel), ein Pfarrer

(Thorsten Daum), eine Lehrerin und Mediatorin (Sylvia Sobel) und eine Unternehmensberaterin (Kerstin Goldschmidt).

Sylvia Sobel

Ingo Langner

Konversion

Ingo Langner, Chefredakteur von »Cato – Magazin für neue Sachlichkeit«, geboren 1951 in Rendsburg, hat in den vergangenen 40 Jahren als Theaterregisseur, Filmemacher, Fernsehproduzent, Moderator, Autor, Publizist und Kurator gearbeitet. In seinem Portfolio stehen 17 Theaterinszenierungen, 22 Fernsehdokumentationen, zwei von Deutsche Welle TV weltweit ausgestrahlte Literatursendereihen, sechs Sachbücher, zwei Kriminalromane und eine Tragikomödie sowie mehr als 100 Fernsehinterviews mit Schriftstellern, Schauspielern, Theologen, Bischöfen, Kardinälen und Politikern.

Mir war in diesem Augenblick völlig klar, dass Gott aus dem Munde des Paters direkt zu mir sprach.

Ingo Langner

Meine Blitzkonversion geschah in der ersten Juniwoche 1990, kurz nach Beginn der Abendmesse in der Wilmersdorfer Kirche St. Ludwig. Ich wohnte damals direkt am Berliner Ludwigkirchplatz und hatte mich, wie ich es damals oft tat, an einem schönen, sommerlich warmen Tag kurz nach 18 Uhr mit einem Buch auf eine Bank in der kleinen Parkanlage auf der Westseite der Kirche in die noch wohltuende Sonne gesetzt. Wie immer läutete pünktlich um 18.15 Uhr eine der Kirchenglocken zur Abendmesse. Und wie immer ging etwa ein Dutzend Frauen und Männer an mir vorbei und in die Kirche hinein.

Neu war aber, dass ich erstmals an diesem Abend Folgendes dachte: Diese Leute haben es gut. Sie haben ein geistliches Zuhause, eine spirituelle Heimat, und ich habe diese Heimat nicht. Außerdem plagte mich an diesem Abend die für einen freiberuflichen Fernsehjournalisten, der ich seinerzeit war, übliche Sorge, ob ich denn beim Sender Freies Berlin, für den ich seit rund fünf Jahren tätig war, den nächsten lukrativen Auftrag bekommen würde, den ich mir wünschte und den ich auch finanziell dringend nötig hatte.

An dieser Stelle sei erwähnt, dass meine damalige Ehefrau Doris 1988 im Alter von 34 Jahren unheilbar an Krebs erkrankt war und wir beide seither, obgleich evangelisch-lutherischer Konfession, uns sehr häufig gemeinsam vor dem Marienaltar von St. Ludwig niederknieten, um dort zur Gottesmutter zu beten. Wir hatten sogar ab und an eine heilige Messe besucht. Herausragende Erlebnisse waren für uns jedoch die Osternacht 1989 sowie die Christmette im gleichen Jahr gewesen. Aber je öfter ich die Kirche und die heilige Messe besuchte, desto stärker hatte ich das Gefühl, ein eher geduldeter Gast zu sein. Mit anderen Worten: Es war zu einem schalen Gefühl geworden, nicht wirklich dazuzugehören.

Dieses Gefühl der Nichtzugehörigkeit war also an diesem Abend im Juni 1990 das beherrschende Gefühl, als die Gottesdienstbesucher an mir vorbei in die Kirche gingen, wobei ich einen gewissen Neid empfand, dass sie mit ihren Sorgen jetzt vor Gott treten konnten und ich das »aus eigenem Recht« nicht tun konnte, so dachte ich damals.

Hinzu kam der im Kopf klar formulierte Gedanke: Deine gegenwärtigen materiellen Sorgen erscheinen dir jetzt wichtig, aber sie sind doch viel zu klein, um sie vor Gott zu tragen. Viel wichtiger war im Gegensatz dazu für mich natürlich die Sorge um meine todkranke Frau. Aber da zu diesem Zeitpunkt ihre Situation recht stabil erschien, ihre Schmerzen dank der täglichen Morphiumdosis erträglich waren und ich mich in den vergangenen zwei Jahren beinahe an den Krebs gewöhnt hatte, woran man sich in Maßen tatsächlich gewöhnen kann, kreisten meine Sorgen nicht um meine Frau, sondern um die Sicherung meines Einkommens. Meine Frau starb dann plötzlich etwa fünf Wochen später, nämlich am 17. Juli 1990.

Doch zurück zum eigentlichen Konversionserlebnis: Es muss damals genau 18.40 Uhr gewesen sein, als mich eine unsichtbare, aber schier unbezwingbare Kraft »emporhob« – denn ich stand ganz gegen meinen Willen plötzlich auf und bin dann sogleich in die Kirche »gegangen worden«. Anders als im Passiv lässt sich dieser Sachverhalt nicht beschreiben.

Ich hatte nicht das Gefühl, selbst zu gehen. Es war eine Kraftquelle da, die mich bewegte. Ohne dass ich recht mitbekam wie, stand ich plötzlich in der Kirche, blieb aber an der Mitteltür direkt neben dem Weihwasserbecken wie versteinert stehen. Vorne stand einer der Franziskanerpatres am Ambo. Er sprach zur Gemeinde und der erste Satz, den ich unmittelbar nach meinem Eintreten verstand, lautete: »Das ist ja gerade das Wunderbare an unserem Glauben, dass wir zu Gott mit all unseren Sorgen kommen können und mögen sie auch noch so klein erscheinen.«

Ich hörte diese Worte klar und deutlich und war wie erstarrt, ja, in dieser Sekunde schon tief erschrocken. Mir war in diesem Augenblick völlig klar, dass Gott aus dem Munde des Paters direkt zu mir sprach. Unmittelbar mich meinte. Doch damit nicht genug. Denn kaum hatte ich dies begriffen, da fiel ein Sonnenstrahl durch die Rosette über mir im westlichen Glasfenster von St. Ludwig, traf auf das mit einem großen roten Stein geschmückte Zentrum des großen Kreuzes über dem Hauptaltar und kam dann als heftig blendender Lichtreflex direkt in meine Augen. Und von dort direkt in mein Herz. Ohne es in Worte fassen zu können, wusste ich nun so sicher. wie ich lebe, dass Gott existiert, dass er zu mir sprach und dass ich jetzt im Grunde meiner Seele bereits katholisch war.

Tief erschüttert wie noch nie in meinem Leben zuvor und wie seitdem nie wieder, war ich gerade noch fähig, meine rechte Hand in das Weihwasserbecken neben mir zu tauchen und mich zu bekreuzigen, was ich nie zuvor getan hatte, und fluchtartig – anders kann man es gar nicht nennen – die Kirche zu verlassen.

Wegen des Todes meiner Frau, durch die ich freundschaftlich mit dem sie betreuenden evangelischen Pastor verbunden war, dauerte es noch ein gutes Jahr, in dem ich mich aber im evangelischen Gottesdienst nicht mehr zu Hause fühlte und daher bald wieder in St. Ludwig »hospitierte«. Schließlich und endlich entschloss ich mich, zu einem der Franziskanerpatres zu gehen und um die Aufnahme in die heilige katholische Kirche zu bitten. Der Pater akzeptierte meine Bitte sofort und lud mich ein, über ein ganzes Jahr hinweg einmal wöchentlich bei ihm Katechismusunterricht zu nehmen. Dieses Angebot nahm ich dankend an. Am 1. Advent 1993 wurde ich dann auch formal in die katholische Kirche aufgenommen.

Am Ende meines Bekehrungszeugnisses möchte ich mit einem Satz aus der Predigt von Papst Benedikt XVI. an Allerheiligen 2012 schließen. Dort sagte er: »Allein der Glaube an das ewige Leben lässt uns wirklich die Geschichte und die Gegenwart lieben, doch ohne ihnen verhaftet zu bleiben, in der Freiheit des Pilgers, der die Erde liebt, weil er das Herz im Himmel hat.«

Anna Diouf

Durch Maria zu Jesus

Anna Diouf stammt aus dem Rheinland. Sie wurde in Köln geboren und wuchs in Düsseldorf auf. In ihrem Elternhaus erhielt sie keinerlei religiöse Erziehung, weder im evangelischen Bekenntnis, dem ihre Familie mütterlicherseits angehört, noch im muslimischen Glauben, der die Familie ihres Vaters stark prägt. Nach anfänglichen Überlegungen, evangelische Theologie zu studieren, entschied sie sich für die Musik und studierte Gesang und Gesangspädagogik an den Musikhochschulen in Detmold und Hannover. Nach einigen Jahren der Berufstätigkeit als Solistin gab sie ihre Bühnentätigkeit auf und wechselte in die Medienwelt: Von 2022 bis 2024 arbeitete sie als TV-Redakteurin und Moderatorin beim katholischen Fernsehsender EWTN sowie als freie Autorin für die katholische Wochenzeitung »Die Tagespost« und für diverse Print- und Onlinemagazine. 2024 trat sie eine Stelle als Redakteurin beim Magazin »Tichys Einblick« an. Anna Diouf arbeitet als Medientrainerin und Sprachcoach und singt weiterhin als Oratorien- und Konzertsängerin. Außerdem betreibt sie den kleinen Blog »Katholisch ohne Furcht und Tadel«. In ihrer raren

Freizeit wandert sie gern und tanzt Lindy Hop und Collegiate Shag.

Weil ich davon überzeugt bin, dass Luther heute auch wieder katholisch werden würde.

Anna Diouf

Grace hatte einen Rosenkranz gekauft. Sie war Baptistin, aber ihr Bruder hatte um das Mitbringsel gebeten, um es als Schmuck zu verwenden. Nun saßen wir an der Bahnstation von Assisi und warteten auf den Zug, während sich über uns ein Gewitter zusammenbraute. Der Besuch in der Stadt des heiligen Franziskus war eine herbe Enttäuschung gewesen. Gläubige drängten sich um das Grab des Heiligen, um es zu berühren, und warfen sich davor nieder: Katholizismus war eben christlich lackiertes Heidentum. Und dann erst die Devotionalienläden! Billiger Kitsch überall. Der einfache Rosenkranz aus Holz, den meine Freundin erstanden hatte, war hingegen recht hübsch. Dennoch war ich skeptisch. Ein solches Instrument des Götzendienstes sollte man lieber gar nicht benutzen, oder? Mit einem lang gezogenen »Ach« verwarf meine Schulfreundin diese Zweifel und legte sich den Rosenkranz um den Hals – wäre das eine brauchbare Kette? In diesem Augenblick rollte ein ohrenbetäubender Donner über die Hügel Umbriens. Grace riss sich den Rosenkranz vom Hals, halb scherzhaft, halb besorgt. Nun war ich an der Reihe: Mit einem verächtlichen Lachen nahm ich ihr den Rosenkranz aus der Hand, um zu beweisen, dass es sich lediglich um ein Naturphänomen gehandelt hatte, nicht um einen Ausdruck göttlichen Zorns. Doch kaum hatte ich die Gebetskette angelegt, ertönte ein zweiter Donner. Wir schauten einander verdutzt an, bekamen einen Lachanfall und verstauten den Rosenkranz: Vielleicht hatte Gott wirklich etwas dagegen, dass wir dieses gotteslästerliche Kettchen trugen. Völlig fern lag mir damals der Gedanke, dass er vielleicht eher am leichtfertigen Umgang mit diesem Gegenstand Anstoß genommen haben könnte. Schließlich war ich evangelisch. Und der katholische Glaube war ein abergläubisches Konstrukt aus Machtstreben und Hybris. So viel war klar.

Erste Begegnung mit dem Rosenkranz

Und doch ging davon auch eine unerklärliche Anziehungskraft aus. Ich erinnere mich an meine erste Begegnung mit dem Rosenkranz. Ich muss noch in der Grundschule gewesen sein. Der Kinderchor hatte in einer kleinen Dorfkirche am Rhein geprobt, und während ich auf meine Mutter wartete, die mich abholen sollte, hatten einige ältere Damen die Kirche betreten und begonnen, gemeinsam zu beten. »Gegrüßet seist du, Maria« hieß es wieder und wieder. Ich lauschte fasziniert und konnte gleichsam sehen, wie sich ein dichtes Gewebe aus murmelndem Raunen über dem Kirchraum ausbreitete. Worum es ging, verstand ich freilich nicht. Meine Mutter brach den Bann: »Furchtbar, dieses Geleiere.« Mit diesem Kommentar verließen wir die Kirche.

Es sollte viele Jahre dauern, bis ich wieder in Kontakt mit diesem Gebet kam. In dieser Zeit hatte die ablehnende Haltung meiner Familie gegenüber dem Glauben allerdings keinerlei Auswirkungen. Im Gegenteil. Ohne es zu ahnen, hatte man mir nämlich einen Auftrag gegeben: »Wir haben dich nicht taufen lassen, damit du dich später selbst entscheiden kannst«, so erklärte meine Mutter, warum ich als ungetauftes Kind im evangelischen Religionsunterricht saß. Doch das war nur so dahingesagt. Niemand zog in Betracht, dass ich mich für die Kirche entscheiden könnte. Religion und Gebet, das kam zu Hause nicht vor. Ich kann mich auch nicht erinnern, dass über Kirche je anders als abfällig gesprochen worden wäre. Ob evangelisch oder katholisch, Kirche war ein Ort der Heuchelei und der Unterdrückung.

Aber ich nahm die Worte meiner Mutter für bare Münze: Ich sollte die Wahrheit herausfinden und mich dann dafür entscheiden! Ein Auftrag, der mein Selbstbewusstsein gehörig aufplusterte. Den anderen Kindern hatten ihre Eltern eine derart große Aufgabe nicht zugetraut! Wie ein kleiner Pfau seine Federpracht trug ich fortan das Bewusstsein mit mir herum, dass ich als Ungetaufte das Privileg genoss, mir meine Religion selbst aussuchen zu dürfen. Ich nahm diese Aufgabe außerordentlich ernst. Durch Kindheit und Jugend hindurch beobachtete ich, wo Gott sich mir offenbarte. Im – übrigens ausgezeichneten – Religionsunterricht der Grundschule und der Unterstufe am Gymnasium, in den Liedern, die ich im Chor sang, in Kindergottesdiensten, Filmen und Büchern. Ich glaubte an den Gott Israels, der die Welt erschaffen und sein Volk aus Ägypten geführt hatte. Das Alte Testament sagte mir spontan zu. Es war voller »Action«. Anders als Jesus, der immer bloß zu allen nett war, strafte der Gott der Gerechtigkeit und der Freiheit die Bösen und rettete die Guten – so wie es sich gehört.

Doch wie wurde aus dieser gläubigen Heidin eine Christin? Es war eine Fügung, die ich allein der Gnade Gottes zuschreiben kann. Als ich ins Konfirmationsalter kam, erhielten wir einen Brief, in dem ich eingeladen wurde zu einem Informationsgespräch in der Gemeinde, mit der wir an sich nichts zu tun hatten. Ich kann noch heute spüren, wie er in meinen Händen liegt und ich dieses Wort lese. Ich habe keine Ahnung, was eine »Konfirmation« ist. Ich weiß nur: Ich will das. Meine Mutter respektiert meine Entscheidung, und ich gehe in den Konfirmationsunterricht. Hier erfahre ich mehr über den Sohn Gottes, der um unserer Schuld willen gekreuzigt wurde. Das klingt schlüssig und durchaus kompatibel mit dem Gott, der zu Mose gesprochen hat. Kurz vor der Konfirmation werde ich getauft. Ich bin nun Christin und das durchaus eifrig: Als uns eine Lehrerin auffordert, Gott zu malen, weigere ich mich kategorisch. »Wir sollen uns kein Bild von Gott machen.« »Aber du musst ihn dir doch irgendwie vorstellen!« »Nein, das ist ja verboten.« Schon als Kind nervt mich die unnötige Sackgasse, in die uns die Lehrerin manövrieren will: Erst will sie uns unterschieben, dass wir Gott für einen bärtigen alten Mann auf einer Wolke halten, um uns dann zu erklären, dass das nicht stimmt.

Allerdings brenne ich nicht durchgehend so für den Glauben. Ich bin auf mich allein gestellt: Niemand leitet mich an oder korrigiert Fehlvorstellungen. Doch zum Glück trete ich in die Kantorei ein und werde fortan von Johann Sebastian Bach höchstpersönlich katechisiert. Seine Musik und Luthers Sprachgewalt formen meine Frömmigkeit zutiefst. Dem Kirchenmusiker ist an einem vielfältigen Programm gelegen, darum singen wir durchaus auch katholische Werke – auf Latein. Obwohl ich es nicht verstehe, liebe ich das. Das »Credo« singe ich so zum ersten Mal. Wie Hammerschläge klingt das: Unam. Sanctam. Catholicam. Apostolicam. Ecclesiam. Das ist noch urtümlicher und kraftvoller als Lutherdeutsch.

Dennoch: Je älter ich werde, desto mehr Vorurteile entwickele ich gegenüber dem katholischen Glauben. Im Schulunterricht und von der Kanzel herab tritt die Kirche stets als düstere, angsteinflößende, rückwärtsgewandte Institution in Erscheinung.

In der lutherischen Gemeinde heimisch

Erst ein studienbedingter Umzug sollte meinem Glaubensleben entscheidende Impulse geben. Zum Musikstudium ging ich nach Detmold. Dort erfuhr ich irritiert, dass evangelisch gar nicht gleich evangelisch war: »Evangelisch oder lutherisch?«, fragte mich die Mitarbeiterin beim Einwohnermeldeamt. Ich zögerte. »Evangelisch«, antwortete ich schließlich. Doch als ich am nächsten Sonntag in die reformierte Kirche ging, war mir der Gottesdienst dort so fremd, dass ich mich fragte, ob das wirklich dieselbe Religion war wie bei uns im Rheinland. Also besuchte ich den lutherischen Gottesdienst und war beruhigt: Hier wurde das Abendmahl ungefähr so gefeiert, wie ich es kannte. Allerdings reichte mir der gefühlsmäßige Eindruck nicht. In den Semesterferien stapfte ich in eine Bibliothek und las die reformierten und lutherischen Bekenntnisschriften durch. Ich machte innerlich Häkchen bei »Realpräsenz« und »Confessio Augustana« und verwarf die Prädestinationslehre. So stellte ich fest, dass ich gemäß meiner Glaubensüberzeugungen lutherisch sein müsste.

Während ich in der lutherischen Gemeinde heimisch wurde, stieß ich in tiefere Glaubensgefilde vor. Mich quälte die Frage, wie Vernunft und Glaube zueinander stünden. Bibeltreue Buchstabenhörigkeit, die der Vernunft skeptisch gegenübersteht, oder »wissenschaftlicher« Glaube, der die Schrift nur als Mythos oder Märchen betrachtet? Beides erschien mir fragwürdig, aber ich fand vorerst keinen Mittelweg, der nicht inkonsequent und willkürlich war. In meiner Gottesbeziehung sehnte ich mich nach einem das gesamte Leben durchdringenden Gebetsleben. Und zunehmend fragte ich mich, welche Auswirkungen ein solches auf meine Handlungen haben sollte. Eine wichtige Frage: Konnten Gottes Gebote als Orientierung dienen inmitten der von Unmoral und Unsicherheiten geprägten Atmosphäre einer Musikhochschule?

Auf der Suche nach dem authentischen lutherischen Glauben

In dieser Situation begegnete ich Maria. Zuerst war es tatsächlich nur eine irdische Maria, eine bayerische Musikstudentin. Obgleich wir sehr verschieden waren, verband uns eine gewisse intuitive Distanz zum Hochschulbetrieb. Das übergriffige Verhalten vieler Lehrer, der Leistungsdruck, ein Lebensstil geprägt von Narzissmus und Egoismus, wie er unter Musikern verbreitet ist, obschon der Musik so entgegengesetzt: Von all dem versuchten wir uns abzugrenzen. Unsere gemeinsamen Ausflüge führten uns des Öfteren zu einem katholischen Säkularinstitut. Dort begegnete ich zum ersten Mal ihm: dem eucharistischen Herrn. »Anbetung« hieß das, was die Schwestern da taten. Da ich nicht daran zweifelte, dass Christus wirklich zugegen war im Abendmahl, war ich begeistert von dem Gedanken, den Herrn auch nach dem Empfang seines Leibes und Blutes weiter schauen zu dürfen.

Während ich also lernte, ihren Sohn anzubeten, trat auch die himmlische Maria in mein Glaubensleben – ausgerechnet durch den Rosenkranz. Ich hatte das wohlige Gefühl nie vergessen, damals in der Dorfkirche am Rhein, als mich die betenden Frauen in eine Decke aus Gebet gehüllt hatten. Zugleich aber waren da feste Überzeugungen: Katholiken beten Maria an. Katholiken suchen das Heil nicht bei Jesus Christus. Ein unüberwindlicher Graben tat sich auf zwischen dem Gefühl, dass der Rosenkranz würdig und schön war, und dem Wissen, dass er etwas Schlechtes sein müsse.

Doch auf meiner Suche nach einem authentischen lutherischen Glaubensleben war ich auf eine geistliche Gemeinschaft gestoßen, die ihren Ursprung in einer lutherischen geistlichen Erneuerung hatte, die zu Beginn des 20. Jahrhunderts von Marburg ausgegangen war. Stundengebet und Gregorianik wurden dort ebenso gepflegt wie eine gewisse Inkonsequenz: Man liebte Weihrauch und Gewänder. Aber »römisch« werden wollte man nun auch nicht. Konnte man denn nicht auch ohne Papst »katholisch« sein?

Im Gebetbuch der Gemeinschaft stieß ich nun auf den »Christusrosenkranz«. Die Vordenker der Bewegung hatten erkannt, dass das meditative Gebet ein Schatz war, den die Reformation leichtfertig aufgegeben hatte. Ein solches Gebet an einer Gebetsschnur zu orientieren, wurde in vielen Religionen praktiziert. Aber zu Maria beten? Das ging gar nicht. Also entwickelte man einen Rosenkranz, der ohne sie auskommen sollte. Enthusiastisch stürzte ich mich auf dieses Gebet – und fühlte mich, als hätte man mir mit einem stumpfen Gegenstand auf den Kopf geschlagen. Ein konstruiertes und verkopftes Gebet war das. Gleich acht Rosenkranzzyklen gab es zu betrachten und vieles war umständlich-poetisch formuliert:

»Gelobt sei, der da kommt im Namen des Herrn: Jesus Christus, Gottes und Marien Sohn, den in der Höhe loben die himmlischen Scharen«
oder: »der die Wundmale trägt an seinem verklärten Leibe …«
hieß es da, ergänzt durch die Kreuzwegs-Versikel:
»Wir beten Dich an, Herr Jesus Christus, und preisen Dich, denn durch Dein heiliges Kreuz hast Du die Welt erlöst.«

Man holperte das Versmaß entlang und kämpfte mit der altertümelnden Satzstellung. So sehr ich mich mühte: Das Gebet kam nicht in Fluss. Also suchte ich Hilfe bei meiner katholischen Freundin: Maria, so dachte ich, würde mir den echten Rosenkranz beibringen können. Durch die Einsicht, dass ein großer Teil des Ave Maria der Bibel entnommen war, konnte ich mich damit anfreunden, mich in dieses Gebet einzuüben. Jahrhundertelang ein- und durchgebetet würde es mir sicher die Tür öffnen zum rechtgläubigen evangelischen Rosenkranz. Dann könnte ich das mit den Aves ja auch wieder lassen!

Maria mag gestaunt haben, aber sie gab meiner Bitte statt. Sie lehrte mich das Rosenkranzgebet und bald beteten wir es gemeinsam, wann immer wir uns trafen – allerdings ohne die glorreichen Geheimnisse. Die Himmelskönigin war doch eine heidnische Gottheit, und das Dogma der Himmelfahrt war ja erst 1950 verkündet worden. Eine schamlose Neuerfindung, die uns die katholische Kirche als christlich verkaufen wollte. Im Rückblick lache ich oft über die Blindheit, mit der es mir gelang, so gut wie alles Wichtige zu übersehen: In wie vielen Museen hatte ich Gemälde der Aufnahme Mariens in den Himmel betrachtet? Doch erst in einer bayerischen Pfarrkirche fiel der Groschen: Das Altarbild, das die Aufnahme Mariens darstellte, stammte aus der Barockzeit. Die Kirche hatte dieses Dogma also lange vor der Verkündung geglaubt! Von nun an fremdelte ich nicht mehr mit den glorreichen Geheimnissen, und mein ursprüngliches Vorhaben verfolgte ich nicht weiter: Der »Christusrosenkranz« war kein Thema mehr.

Katholizismus auf dem Prüfstand

Nun begann eine vielschichtige Entwicklung. Auf unterschiedlichen Ebenen unterzog ich den Katholizismus einer strengen, nicht immer kompetenten

Prüfung, hinterfragte aber auch evangelische Glaubenssätze. Ich dachte nach über das Wesen der Kirche, über Amt und Sakrament. Ich beschäftigte mich mit den »heißen Eisen« und den angeblichen Verbrechen, die auf das Konto der Kirche gegangen sein sollten: Kreuzzüge, Hexenverfolgung, die Ablehnung von Kondomen für Afrika. Ich war verblüfft, wie unfair die Verurteilungen oft waren, wie mit zweierlei Maß gemessen, wie selektiv mit Fakten umgegangen wurde. In den theologischen Fragen erkannte ich konsterniert, dass evangelische Theologen mir katholische Glaubenssätze zumeist unrichtig vermittelt hatten: Ablass sei der Nachlass von Sünden gegen Geld? Man konnte den Ablass ja ablehnen, aber wenn man schon grundfalsch darstellte, was ein Ablass überhaupt ist, wie konnte man ihn dann korrekt beurteilen? Dieses Spiel ließ sich mit so gut wie allem durchspielen, wogegen evangelische Konfessionen »protestierten«: Beichte, Fegefeuer, Heilige. Ließ ich die Kirche selbst zu Wort kommen, klang ihre Sichtweise überraschend rational. An den konkreten Verwerfungen entlang bemerkte ich, wie mit einem Zuwachs an Wissen und Einordnungsvermögen die Überzeugungskraft protestantischer Argumente sank, während die katholische Lehre immer klarer aufstrahlte.

Mit der Zeit begann ich, den Rosenkranz auch allein zu beten. Mittlerweile war mir die große Bedeutung der Gottesmutter bewusst, und ich hatte das Dogma ihrer leiblichen Aufnahme in den Himmel akzeptiert. In meinem persönlichen Glaubenskanon fehlte nur noch das der Unbefleckten Empfängnis. Aber das erschien als eine unüberwindliche Hürde: Was für eine Überhöhung ihrer Person! Das konnte unmöglich stimmen. Eines Tages machte ich mich an den Abwasch und begann, wie ich es mir angewöhnt hatte, nebenbei Rosenkranz zu beten. Ich stellte einen Topf zur Seite, griff nach dem Handtuch und hielt inne. Während ich die Glaubensgeheimnisse betrachtet hatte, fühlte es sich an, als würde ein Stein ins Wasser fallen und versinken: Ich konnte beinah hören, wie die Erkenntnis in meinen Verstand fiel, dass es ganz angemessen und vernünftig sei anzunehmen, dass diejenige, von der Gott selbst Fleisch annehmen sollte, von Beginn an von jeder Sünde bewahrt worden sein müsse. Es war eine unverrückbare Gewissheit. Nun setzte meine Überlegung ein: Nichts kam doch dem lutherischen Glaubenssatz »sola gratia« so nahe wie dieses Dogma: Maria hatte nichts getan, Gott alles, um sie würdig zu machen. Gott hatte das luthersche Diktum gleichsam überrundet!

Wie so vieles auf meinem Glaubensweg ein Grund zum Schmunzeln: »Wann hast du eigentlich das Dogma der Unbefleckten Empfängnis verstanden?« »Beim Abwaschen.« Das ist zwar nicht besonders glamourös, aber das Wie ist auch nicht entscheidend: Ich bejahte die katholische Lehre nun voll und ganz. Das war das Entscheidende. Auch mein Glaubensleben wurde immer katholischer. Auf Reisen ging ich in katholische Gottesdienste, weil ich lieber mit den Katholiken die heilige Messe feierte, als versehentlich in einem reformierten Predigtgottesdienst zu landen. Meine Anfragen betrafen nur mehr die Praxis. Die heidnische Vergötzung Mariens durch die Gläubigen – ein Ärgernis sondergleichen. Die Glasrosenkränze von Assisi baumelten und klimperten vor meinem inneren Auge hin und her, und ich wandte mich angewidert ab. »Volksfrömmigkeit«, das war beinahe äquivalent zu »Aberglauben«. Eine Frömmigkeitsübung jedoch schien mir äußerst wertvoll: das Pilgern. Als ich gemeinsam mit einer katholischen Freundin nach einer Pilgerroute suchte, schlug ich ausgerechnet einen Marienwallfahrtsort vor: Eine »Wallfahrt nach Kevelaer«, weil ich seit meiner Jugend Heinrich Heine liebte und weil im Titel dieses Gedichts irgendetwas Geheimnisvolles lag, das meine Neugier weckte.

An dem Sommertag, an dem wir das Städtchen betraten, war der Wallfahrtsbetrieb mau: Ein paar Niederländer saßen in der Eisdiele, und die Gnadenkapelle stand verlassen da. Ungestört trat ich zum Gnadenbild. Alle Zweifel schmolzen dahin und zurück blieb nur ein grenzenloses Erstaunen: Diese Maria war so anders, als ich sie mir vorgestellt hatte, so entwaffnend anders! Ein winziges Bildchen. So klein, so bescheiden und unscheinbar. Ohne barocken Bombast, ohne Pracht, ohne Kitsch. Das war so anders als der marianische Triumphalismus, den ich so oft wahrgenommen zu haben glaubte. Auch so wurde Maria verehrt: ohne Schmuck und Brokatgewänder. Auch so wurde sie dargestellt: ohne die wässrigen Äuglein billiger Lourdes-Madonnen. Hier erkannte ich die Magd des Herrn aus der Heiligen Schrift wieder. Aber zugleich war diese Maria nicht bloß ein abstrakter Glaubensartikel, sie erfüllte nicht nur eine theologische Rolle, wie es die evangelischen Annäherungen an die Muttergottes vermittelten. Diese Maria konnte man nicht nur respektieren – man durfte sie aus ganzem Herzen lieben. Eine milde, fromme, süße Jungfrau.

Das Befremden gegenüber der Volksfrömmigkeit, wie ich es oft empfunden hatte, in der Wieskirche oder in Altötting, in Spanien und Italien, es löste sich auf angesichts dieser bescheidenen, zugänglichen Frau. Sie hatte mich an die Hand genommen und zum letzten Schritt in den Glauben hinein eingeladen. Und das war kein Schritt, der viel Energie geraubt oder Willenskraft gefordert hätte. Er fühlte sich nicht einmal an wie ein Bruch oder eine Wende. So sanft schien mir der Übergang, dass ich, als mich ein Priester fragte, warum ich diesen Schritt tun wolle, antwortete: »Weil ich davon überzeugt bin, dass Luther heute auch wieder katholisch werden würde.« Das ist vielleicht weniger absurd als es klingt, vergleicht man Luthers Ansichten mit denen eines durchschnittlichen landeskirchlichen Protestanten heute; und noch eine ganze Weile hatte ich den Eindruck, einfach nur konsequent in der Erfüllung der Aufgabe fortzuschreiten, die ich mir als Grundschulkind auferlegt hatte. Erst nach meiner Konversion begriff ich nach und nach, wie sehr ich mich in der Zuwendung zum katholischen Glauben von anderen Glaubensüberzeugungen abgewandt hatte.

Angekommen im katholischen Glauben

Nicht lange nach der Pilgerfahrt erklärte ich einer Mitarbeiterin der City-Pastoral Hannover, dass ich katholisch werden wollte. In der folgenden Osternacht sprach ich das Glaubensbekenntnis, wurde gefirmt und empfing die Kommunion: nicht das Ende eines Weges, sondern ein Neubeginn. Unablässig staune ich über die Schönheit und Wahrheit des katholischen Glaubensgebäudes, entdecke fortwährend Heil bringende, spannende, aber auch kuriose Eigenheiten: Mittlerweile bin ich es, die Reliquien küsst, Schreine umschreitet, wundertätige Medaillen verschenkt und eine fast grenzenlose Kitschtoleranz entwickelt hat. All die einst seltsamen Rituale und Bräuche sind mir vertraut. An der Hand Mariens habe ich in der Kirche Heimat gefunden. »Per Mariam ad Jesum«: Ist das meine Konversionsgeschichte? Nun, es ist eine Konversionsgeschichte. Ich könnte meinen Weg auf viele andere Weisen schildern! Vielleicht kann man ihn also besser als Mosaik begreifen: Hier ist nur ein Mosaiksteinchen unter vielen: Theologie, Liturgie, Begegnungen, Erfahrungen mit Gott und den Heiligen, das Streben des Verstandes nach Erkenntnis, das Dürsten der Seele nach Wahrheit und das Sehnen des Herzens nach Liebe finden zusammen durch den Heiligen Geist und fallen schließlich zusammen in dem einen umfassenden Bekenntnis: Der katholische Glaube ist wahr.

Isabelle Velandia

Zur Freude gerufen

Die Künstlerin Isabelle Velandia wurde 1977 in Krefeld geboren. Seit 2006 ist sie freischaffend tätig und präsentiert ihre Werke im In- und Ausland. Nach mehrjährigen Auslandsaufenthalten lebt sie seit 2017 in Köln. Ihr Schwerpunkt ist die fotorealistische Malerei und Zeichnung, insbesondere das Porträt. Vor einigen Jahren begann sie, verschiedene Glaubenszeugen und Märtyrer darzustellen und entwickelt dazu intermediale Projekte mit musikalischem Schwerpunkt.

Sowohl in ihren großformatigen Gemälden als auch in den kleineren Zeichnungen sucht sie die Schönheit, die jeder Person, jedem Gegenstand und jedem Moment zu eigen ist. Ihr Hauptanliegen ist es, durch ihre Bilder Räume der Begegnung zu schaffen und die Schönheit der kleinen und unscheinbaren Momente mitten in unserem Alltag zu zeigen. Dazu erarbeitet sie filigrane Objekte aus gefundenen Naturmaterialien, die die Zerbrechlichkeit des Lebens und gleichzeitig die Kostbarkeit des Schwachen und Zarten hervorheben.

»Meine Bilder sind wie eine Haltestelle im Leben – sie laden ein zu einer Pause, bieten frische Luft und eine neue Sicht.«

Wie der Hirsch lechzt nach frischem Wasser, so lechzt meine Seele nach dir, Gott.

Ps 42,2.

Das waren die ersten Worte der Heiligen Schrift aus dem Psalm 42, die in meinem Innern einen Widerhall fanden. Als ich mich während Exerzitien im Alltag in diesen Psalm vertiefte, war ich 27 Jahre alt. Es war meine erste Begegnung mit der Kirche, die eine tiefe Sehnsucht in mir weckte. Bis dahin war es ein langer Weg der Suche nach dem, der mich dann fand, als es ihm gefiel. Er zog mich, seit ich denken kann, durch die Sehnsucht zu sich hin, durch sehr unterschiedliche Begebenheiten und Begegnungen.

Kindheit

»Meine Seele dürstet nach Gott, nach dem lebendigen Gott. Wann darf ich kommen und Gottes Antlitz schauen?« (Ps 42,3–4). Das Antlitz Gottes zu sehen, wurde immer mehr mein sehnlichster Wunsch ab dem Tag, als ich spürte, dass ich nicht mehr allein war.

Ich wuchs mit meiner Schwester in unserem Elternhaus auf, in dem uns christliche Werte vermittelt wurden, was mich zu diesem Zeitpunkt aber noch nicht auf eine göttliche Existenz schließen ließ, denn über den Glauben sprachen wir eigentlich nicht. In die Kirche gingen wir manchmal mit den Großeltern an Weihnachten oder zu Ostern. Dort fühlte ich mich etwas fremd und verstand nicht, was hier geschah. Dennoch spürte ich, dass etwas Wichtiges sich vollzog, wenn auf einmal alle ganz andächtig still wurden. Immer wieder begegneten mir Menschen, von denen tiefe Freude, Warmherzigkeit und Liebe ausgingen und eine Präsenz, die in mir eine noch unnennbare Sehnsucht weckte. Dieser folgte ich durch Höhen und Tiefen der Jugend und des jungen Erwachsenenalters hindurch.

Studium

Während meines Kunststudiums verdichtete sich diese Erfahrung. Eine künstlerische Krise in dieser Zeit führte dazu, dass meine Sinne sich neu öffneten. Ich begann figürlich zu malen, nachdem ich bisher nur abstrakt gearbeitet hatte. Beim Malen spürte ich einen Widerstand, was dazu führte, dass ich nicht malen konnte, was und wie ich wollte, sondern ich musste mich an meinem Gegenüber ausrichten. Dieses innerliche Ringen, das wohl jedem Künstler bekannt ist, ließ mich eine reale Gegenwart immer deutlicher spüren. Immer öfter freute ich mich über diese Erfahrung und ging diesen Weg hoffnungsvoll und dankbar weiter.

Diese starke Gegenwart war aber nicht nur beim Kunstschaffen spürbar, sondern auch in meinem Alltag. Ich spürte regelmäßig, dass ich nicht allein war, sondern von einer sehr angenehmen Gegenwart besucht wurde, beim Frühstück, beim Wäscheaufhängen oder einfach, wenn ich durch eine Straße ging.

Interesse am Christentum

Einige Kunstprofessoren sprachen in dieser Zeit vom christlichen Glauben und entzündeten in mir ein großes Interesse am Christentum. In der Folge verbrachte ich mehrere Monate, in denen ich nächtelang verschiedene christliche Bücher las und wenig schlief.

Dann kam der Tag, an dem ich aus Interesse und von der Sehnsucht bewegt nach vielen Jahren wieder eine Kirche betrat. Meine künstlerisch geschulte Wahrnehmung eröffnete mir einen neuen Zugang zur Gegenwart Gottes und seinem Wirken: Ich nahm mit tiefer Freude die Schönheit und tiefe Wahrheit der Liturgie in mich auf. Durch die symbolhaften Gesten, die Musik und den Weihrauch fühlte ich mich aufgehoben und gleichzeitig innerlich bewegt. Die angenehme Gegenwart, die mich seit einiger Zeit begleitete, wurde immer greifbarer.

Ich begann an einem Glaubenskurs für Erwachsene teilzunehmen, bei dem ich immer mehr erfuhr über den, der in meinem Leben einen Platz eingenommen hatte und für immer einnehmen wollte. Wie schön fand ich es, in der Gemeinschaft der Gläubigen zu erfahren, dass alle durch dieselbe Gegenwart bewegt wurden und so eine Glaubensgemeinschaft entstand, der ich mich geschwisterlich verbunden fühlte. Es wunderte mich nicht, dass der, der mich aufgesucht hatte, einen Namen und eine Geschichte hatte. Vielmehr freute es mich, so vieles über denjenigen zu erfahren, der meinem Herzen diese tiefe Sehnsucht eingegeben hatte. So entschied ich mich, mich taufen zu lassen. Wie groß war meine Freude am Tag meiner Taufe, als ich mit 28 Jahren durch dieses Sakrament in die volle Gemeinschaft mit Christus aufgenommen wurde. Als mir an diesem Tag in der Kirche viele Menschen gratulierten, die ich gar nicht kannte, verstand ich, dass dieses Ereignis nicht nur für mich von Bedeutung war, sondern dass alle, die zu dem Einen gehörten, mich freudig begrüßten und lächelnd sagten: Schön, dass du da bist! Herzlich willkommen!

Seitdem sind 18 Jahre vergangen. Was habe ich nun gewonnen? Ist mein Leben jetzt erfüllter als vor meiner Taufe? Der Glaube hat mir eine Grundfreude und ein Grundvertrauen gebracht, worin ich stehen kann, auch in stürmischen und leidvollen Zeiten. Er hat mir die Fähigkeit geschenkt, einen tiefen Sinn in meinem Leben zu finden und mein kleines, persönliches Leben als Teil einer größeren, schönen, Heil- und Hoffnung bringenden Geschichte zu erfahren. Das schönste Geschenk aber ist es, dem, den meine dürstende Seele lange suchte, begegnet zu sein: im Herzen, in den Sakramenten, in den Gläubigen und in allen Menschen und Geschöpfen. Heute empfinde ich es als besondere Freude und als Aufgabe, die Schönheit Gottes und sein uns oft verborgenes Wirken überall zu suchen und zu sammeln und anderen davon zu berichten. Dies tue ich besonders durch meine künstlerische Arbeit in der Malerei und in der Musik. Hier lerne ich die Sprache Gottes, die eine Sprache der Zuneigung, der Freude und der Barmherzigkeit ist.

Die Begegnung mit Gott in meinem Leben ist gleich einem Erwachen in die Freude, in die Freiheit und in die Liebe hinein. Was könnte es Schöneres geben?

Manchmal werde ich gefragt, ob jetzt alles besser und einfacher sei und ob dieser Gott, der mir so wichtig sei, wirklich alle Probleme lösen könne. Ja, er kann es und tut es auf seine Art und Weise. Ich habe heute nicht weniger Probleme als früher, sondern mehr: meine eigenen und die vieler Menschen, denen ich begegne und deren Lasten und Probleme ich mir zu eigen mache, denn – haben wir nicht alles gemeinsam? Das Schöne ist, dass ich jetzt nicht mehr allein bin. Ich bin vielen Menschen dankbar, die uns im Glauben vorangegangen sind und mich auf meinem Glaubensweg begleiteten, denn sie haben mir den Weg gezeigt, um im Glauben, in der Hoffnung und in der Liebe zu wohnen.

Susanne Hartfiel

Theodramen

Geboren 1965, aufgewachsen in Stuttgart. Diplom-Sozialpädagogin (Universität Siegen) und Diplom-Sozialwissenschaftlerin (Universität Bremen). Mehrjährige Aufenthalte in den USA, Kanada und Frankreich. Tätigkeiten im Bereich sozialer Dienste (Evaluation, Erwachsenenbildung, persönliche Assistenz), derzeit Verwaltungsmitarbeiterin an der Universität Bremen, Buchautorin und freiberufliche Journalistin, u. a. bei »Die Tagespost« und »Vatican-Magazin«. Themen: Transhumanismus, Eugenik, Bioethik, Ehe, Familie und Sexualität, soziale Dienste, gesellschaftliche Abwertungsprozesse und Entwicklungen, die das Leben benachteiligter Menschen bedrohen, christlicher Glaube und Kirche.

Trotz all des Übels, das uns auch innerhalb der Kirche niederdrückt, ist es mein größtes Glück, katholisch zu sein und zu wissen, dass Gott existiert und uns liebt.

Susanne Hartfiel

Obgleich ich nur seinen Namen und einige seiner Aufsätze kannte, wünschte ich mir, diesem Mann einmal zu begegnen. Er war der schärfste Kritiker eines amerikanischen Professors, mit dessen Arbeit ich mich beschäftigte. In den 1990er-Jahren war es noch nicht möglich, Fachtexte aus dem Internet herunterzuladen. Ich musste die Texte des Kritikers mühsam als Papierdokumente von ausländischen Bibliotheken anfordern und unzählige Wörter nachschlagen. Dabei stellte sich heraus, dass seine Kritik unbegründet war. Schlimmer noch: Er hatte falsch zitiert und frei erfunden. In Deutschland wurden seine Lügen weiterverbreitet. Ich verstand nicht, warum er nicht hatte sachlich kritisieren können.

Begegnung

Einige Jahre später – ich hatte den Kritiker und meine Frage längst vergessen – saß ich im Flugzeug von Winnipeg nach Chicago. Ich war auf dem Rückweg zur Universität, an der ich bei jenem Professor ein Auslandsjahr verbrachte. Es war ein kleines Flugzeug – zwei kurze Reihen mit je zwei Sitzplätzen. Mein Sitznachbar begann, mich auszufragen: Woher ich käme, was ich machte? Ich berichtete über mein Auslandsjahr und die Workshops und Konferenzen, die ich besucht hatte. Er fragte nach dem

Namen des Instituts und des Professors. Als ich die Namen nannte, schimpfte er lauthals los. Ich schaute ihn an und fragte: Wie heißen Sie?

Es war nicht zu fassen. Er saß festgeschnallt in seinem Sitz und konnte nicht weg. Ich spürte keinen Ärger, nur maßloses Erstaunen. Dann erklärte ich ihm: Ich weiß, wer Sie sind. Ich habe Ihre Texte gelesen und festgestellt, dass Ihre Kritik unberechtigt ist. Sie haben falsch zitiert und Dinge frei erfunden. Warum haben Sie das gemacht?

Später stellte sich heraus, dass er in Frankreich lebte und nur kurz in Kanada war. Vermutlich wäre ein Sechser im Lotto wahrscheinlicher gewesen als das zufällige Zusammentreffen mit diesem Mann. Als das Flugzeug gelandet war, rannte er als Erster zum Ausgang.

Mein Arrangement für das Auslandsjahr war ungewöhnlich. Der Professor hatte keine Stelle und ich hatte keine Finanzierungsmöglichkeit gefunden. Deshalb bot er mir an, in einer Catholic Worker-Gemeinschaft zu wohnen und dafür zwei Abende pro Woche im Restaurant der Gemeinschaft für arme und obdachlose Menschen und am Sonntag bei der Vor- und Nachbereitung der heiligen Messe zu helfen.

Früher war ich Atheistin und Kirchenhasserin. Meine Mutter ließ mich evangelisch taufen und sorgte dafür, dass ich am Religionsunterricht teilnahm und konfirmiert wurde. Jugendliche aus der Nachbarschaft luden mich in die katholische Jugendgruppe ihrer Gemeinde ein. Ich mochte die gemeinschaftlichen Aktivitäten und Freizeiten. Einmal besuchten wir sogar eine heilige Messe. Ich verstand nichts, doch das Bild des den Leib Christi hochhaltenden Priesters im violetten Messgewand brannte sich mir unauslöschlich ein.

Trotz des jahrelangen Religionsunterrichts wusste ich nicht, was Christen glauben und feiern. Nach negativen Erfahrungen in kirchlichen Sozialeinrichtungen wurde mir schließlich alles Kirchliche zuwider. Ich hatte unzählige soziale und pflegerische Einrichtungen in unterschiedlichen Funktionen kennengelernt und dabei festgestellt, dass Menschenrechtsverletzungen – auch in kirchlichen Einrichtungen – nicht selten sind. In einem kirchlichen Pflegeheim, in dem ich arbeitete, lebte zum Beispiel eine beim Team sehr unbeliebte alte Dame. Sie teilte sich ein Dreibettzimmer. Statt ihr auf die Toilette zu helfen, hängten die Pflegekräfte sie mitten im Zimmer in einem Lifter über einen Topf und vergaßen sie dort. Sie hing entblößt, bei offener Tür, bis ihr die

Arme und Beine durch die Gurte abgestorben waren – und schrie. Immer wenn ich sie hörte, holte ich sie herunter, konnte aber meine Kollegen nicht dazu bewegen, sie anders zu behandeln. Im Laufe der Zeit habe ich leider viele ähnliche Dinge erlebt, und mit jedem Erlebnis wuchs mein Hass auf die Kirchen.

Auf der Suche nach dem Sinn des Lebens

Schon früh stellte ich mir die großen Fragen des Lebens, auf die niemand befriedigende Antworten zu haben schien. Das Studium hörte sich zunächst vielversprechend an, aber nach mehreren Jahren musste ich mir eingestehen, dass auch die Wissenschaft keine Antworten auf meine Fragen hatte.

Deshalb beschäftigte ich mich mit verschiedenen Religionen, zunächst mit dem Hinduismus und dem Islam. Keine von beiden überzeugte mich, also nahm ich mir vor, den jüdischen und den christlichen Glauben kennenzulernen. Wenn nichts anderes dabei herauskam, so würde ich dadurch zumindest die Grundlagen der westlichen Kultur besser verstehen. Meine neue Bibel versteckte ich sorgfältig. Kein unangemeldeter Besucher sollte wissen, dass ich darin las.

Ich wollte sie von Anfang bis Ende wie ein wissenschaftliches Fachbuch lesen: zuerst lesen und versuchen zu verstehen, dann analysieren und bewerten. Im Buch Numeri kapitulierte ich vor den endlosen Listen und las im Neuen Testament weiter. Die Evangelien waren faszinierend. Jesus, dessen Werte so konträr zu den vorherrschenden gesellschaftlichen Werten zu sein schienen, berührte mich. Ich begann, ihn zu lieben.

Seit ich die Bibel las, geschahen seltsame Dinge. Menschen fragten mich aus heiterem Himmel: Glaubst du an Gott? Lesen Sie die Bibel? Meistens starrte ich sie nur erstaunt an und blieb eine Antwort schuldig. Sie konnten unmöglich wissen, dass ich gerade angefangen hatte, die Bibel zu lesen und mich mit Gott zu beschäftigen. Darüber mit ihnen zu sprechen, schien mir allerdings viel zu peinlich. Zugleich war mir klar, dass ich Hilfe bei der Bibelinterpretation benötigte. So kam das Angebot, ein Jahr lang in einer Catholic Worker-Gemeinschaft zu leben, wie gerufen.

In der Gemeinschaft der Catholic Worker

Die Catholic Worker wurden in den 1930er-Jahren, inmitten der Weltwirtschaftskrise, von Peter Maurin und Dorothy Day in New York City gegründet. Peter Maurin stammte aus einer südfranzösischen Bauernfamilie und war philosophisch gebildet. Er schrieb Easy Essays, kurze prägnante katholische Pamphlete, die er öffentlich vortrug und verteilte. Dorothy Day war eine ehemalige Kommunistin und Journalistin, die zum katholischen Glauben konvertiert war. Die beiden reagierten auf die Not und Obdachlosigkeit so vieler Menschen, indem sie Geld sammelten und Wohnungen anmieteten. Sie gründeten auch ländliche Gemeinschaften, in denen die Mitglieder einem ausgewogenen Tagesablauf, bestehend aus körperlicher Arbeit, intellektuellen Tätigkeiten und Gebet, nachgehen sollten, regten katholische Familien an, Wohnungslose in ihr Haus aufzunehmen, und publizierten eine katholische Zeitung. Ihr Ansatz war personalistisch. Sie nahmen die Worte Jesu, im geringsten Menschen dem verborgenen Christus zu dienen, wörtlich.

Die kleine Gemeinschaft, in der ich lebte, bestand aus einem Ehepaar, einem älteren Herrn und mir. Das Ehepaar hatte Dorothy Day noch kennengelernt. Meine Gastgeberin war Rollstuhlfahrerin, daher besuchte uns täglich auch ihre Assistentin. Der ältere Herr war vor 20 Jahren als Wohnungsloser ins Haus eingezogen. Wir alle arbeiteten im Restaurant der Gemeinschaft. Es gab auch Gemeinschaftsmitglieder, die nicht bei uns im Haus wohnten, sowie etwa 100 Freiwillige, die als Köche, Einkäufer, Küchenhilfen, Servierer und Raumpfleger dafür sorgten, dass zweimal pro Woche ein dreigängiges Menü auf festlich geschmückten Tischen serviert wurde. Das gesamte Unternehmen war spendenfinanziert. Etwa 25 bis 30 Gäste kamen regelmäßig zum Essen. An jedem Tisch saßen bis zu fünf Gäste und eine Person, die servierte. Die Mahlzeiten waren bewusst so gestaltet, dass sie den Gästen Wertschätzung vermitteln sollten und die ehrenamtlichen Personen, die servierten – mit zum Teil privilegierten Berufen –, ihnen persönlich und auf positive Weise begegnen konnten. So entwickelten sich wechselseitiges Verständnis, manchmal auch Freundschaften oder unterstützende Beziehungen. Ich habe nie erlebt, dass einer der Gäste laut oder aggressiv geworden wäre oder Suchtmittel konsumiert hätte, obgleich manchen solche Verhaltensweisen anderswo nicht fremd waren. Das Gebet und das positive Arrangement des Essens ermöglichten allen Beteiligten, sich von ihrer besten Seite zu zeigen.

Am Sonntag fand in den Räumlichkeiten der Gemeinschaft eine heilige Messe statt, zelebriert von Priestern, die der Gemeinschaft verbunden waren. Ich war für den Blumenschmuck und den nachfolgenden Kaffee und Kuchen verantwortlich. Da ich anschließend aufräumen musste und bis dahin nichts Besseres zu tun hatte, blieb ich auch zur heiligen Messe. In allen amerikanischen Kirchen gibt es Hefte mit den Messtexten und Lesungen. Da sich die Priester nie die Freiheit nahmen, Teile der heiligen Messe individuell neu zu erfinden, konnte ich alles immer gut mitverfolgen. Mit der Zeit merkte ich, dass ich mich auf die heilige Messe freute.

Glaubenserfahrungen

Der Professor, seine Mitarbeiter und das Ehepaar, bei dem ich wohnte, beantworteten meine Fragen zum Glauben. Bald stapelten sich christliche Texte und Bücher auf meinem Schreibtisch. Oft beantworteten sie Fragen, die ich nie laut gestellt hatte. Der Glaube dieser Leute raubte mir allerdings manchmal den Atem. Jemand verlor seinen Autoschlüssel draußen, inmitten meterhoher grau matschiger Schneeberge. Kein Problem, sagten sie, stellten sich im Kreis auf, riefen zum heiligen Antonius und beteten ein Vaterunser und ein Ave Maria. Gleich würde der Schlüssel wieder auftauchen. Klar, dachte ich … Aber siehe da, nach kurzer Zeit fischte jemand den Schlüssel aus einem Schneehaufen. Für die Parkplatzsuche wandelten sie das Ave Maria einfach nur leicht ab: Hail Mary, full of grace, let us find a parking space. Holy Mary, Mother of God, please let us find a parking lot. Es funktionierte, der ersehnte Parkplatz tauchte immer zeitnah auf. Zufall, dachte ich.

Eines Tages erklärte der Professor mir, was ein Theodrama sei: Er war im Auto unterwegs auf der Fahrt zu seinem Gebetskreis, als neben ihm auf dem Gehweg ein Mann zusammengeschlagen und ausgeraubt wurde. Er hielt an und brachte den Mann in eine Klinik. In seinem Gebetskreis wurde am selben Tag das Evangelium vom barmherzigen Samariter gelesen. Der Professor meinte, Gott inszeniere solche göttlichen Dramen, weil alle Beteiligten etwas dabei lernen sollten. Ich stöhnte innerlich angesichts seines Glaubens. Er und all diese Leute um mich herum kamen mir ziemlich verrückt vor. Aber je mehr ich mich mit dem christlichen Glauben beschäftigte, desto mehr solcher Theodramen, nein Zufälle – allerdings absolut unwahrscheinliche Zufälle, wie der mit dem Mann, den ich gerne einmal treffen wollte – ereigneten sich in meinem eigenen Leben. So lange, bis ich kapitulierte.

Ich war wieder auf Reisen, als mich meine Gastgeberin unvermittelt fragte: Bist du eigentlich Christin? Diesmal murmelte ich: Ich weiß es nicht. Sie sagte, wenn ich wissen wolle, ob Christus existiert, solle ich ihn bitten, sich mir zu zeigen. Ich dürfe ihn aber nur bitten, wenn ich bereit sei, ihn anzunehmen. Ich müsse mich also schon vor meinem Gebet für ihn entscheiden. Andernfalls dürfte ich das Gebet nicht sprechen. Nach einigem Nachdenken kniete ich mich in meinem Zimmer vor dem großen Kruzifix über dem Bett nieder, das ich aus Höflichkeit nicht entfernt hatte, und betete: »Jesus, wenn es dich gibt, möchte ich es gerne wissen. Bitte zeige dich mir, wenn es dich wirklich gibt, ich muss es jetzt wissen. Ich danke dir. Amen.« Anschließend nahm ich an einer Veranstaltung teil, regte mich über einige Kommentare zum Thema »Homosexualität« auf und vergaß das Gebet.

Am nächsten Tag traf ich den Professor und seine Mitarbeiterin im Büro und fragte: »Können Sie mir bitte Ihre Position zur Homosexualität erläutern?« Ich war bereit für die große Diskussion, notfalls auch den großen Streit. Der Professor bekreuzigte sich und erklärte mir die kirchliche Lehre zur Homosexualität. Diesmal regte ich mich nicht auf, denn er erklärte sie auf eine Weise, die ich verstehen konnte, ohne homosexuell empfindende Menschen dabei abzuwerten. Anschließend erzählte ich ihm von einem schwulen Mann, der in meinem Leben eine wichtige Rolle spielt. Er war sichtlich froh, dass wir uns nicht gestritten hatten.

Jesus existiert

Zurück in meinem Büro versuchte ich, über das Gehörte nachzudenken. Die Sekretärin reichte mir meine Post – eine einzige Postkarte, geschrieben von eben jenem Mann, der mir so viel bedeutete. Eine belanglose Urlaubskarte aus einem fernen Land, aber … er hatte mir noch nie eine Karte geschrieben … noch nie hatte ich Post von ihm erhalten … und ausgerechnet jetzt, unmittelbar nach diesem Gespräch? Diesmal konnte ich nicht an einen Zufall glauben. Es traf mich wie ein Schlag. Ich wusste nun, dass Jesus existiert.

Als ich mich von meinem Schock erholt hatte, merkte ich, dass sich eine tiefe innerliche Freude in mir ausbreitete, eine Freude, wie ich sie nie zuvor gekannt hatte. Trotzdem war ich vorsichtig. Vielleicht war ja alles nur Einbildung? Ich beschloss, nicht darüber zu sprechen. All die Christen in meinem Umfeld würden meine Einbildung nur bestärken. Äußerlich lebte ich also weiter wie bisher, ging sonntags zur heiligen Messe und stellte Fragen zum Glauben. Das Haus der Gemeinschaft war voller Bücher: Kirchenväter, Heilige, Katechismus, Enzykliken, Konzilsdokumente, katholische Klassiker, Bonhoeffer, C. S. Lewis. Eines der ersten Bücher, die ich las, waren die »Erzählungen eines russischen Pilgers«. So wurde das Jesus-Gebet mein erstes Gebet und je häufiger ich es betete, desto glücklicher wurde ich. Bald betete ich es ständig. Die folgenden Monate verbrachte ich im Glücksrausch.

Dennoch wurde mir schnell bewusst, dass ich nun ein anderes Problem hatte: Ich würde mich für eine Kirche entscheiden müssen. Rational überzeugte mich der Protestantismus nicht. Warum sollten charismatische Einzelpersonen, kirchliche Gruppen oder Mehrheiten weiser sein als eine von Christus eingesetzte Kirche? Warum sollte ein liebender Gott seine Jünger 1.500 Jahre lang im Halbdunkel gelassen haben, um ihnen erst dann die richtige Kirche (besser gesagt die richtigen Kirchen) zu offenbaren? Emotional jedoch sträubte sich alles in mir gegen die katholische Kirche. Daher nahm ich mir vor, ihre Lehren zu studieren, insbesondere diejenigen, die mir die größten Probleme bereiteten, und zu versuchen, rationale Gegenargumente zu finden. Könnte ich keine finden, würde ich die jeweilige Lehre akzeptieren und versuchen, mein Leben mit ihr in Übereinstimmung zu bringen. Die Problemfelder waren immens: Ehe, Familie und Sexualität, der in Persona Christi handelnde Priester, die Eucharistie, die päpstliche Unfehlbarkeit, das Männern vorbehaltene Priestertum und vieles mehr. Manche Probleme ließen sich durch ein klärendes Gespräch lösen, andere erforderten mühsames Studium und Nachdenken, wiederum andere göttliche Intervention.

Die Theodramen hielten an. Ich hatte beispielsweise die Gebete der heiligen Messe und das große Glaubensbekenntnis (das in den USA in der Sonntagsmesse gebetet wird) auswendig gelernt, um sie mitzubeten, natürlich mit Ausnahme der Zeile, die sich auf die eine, heilige, katholische und apostolische Kirche bezieht. An jenem Sonntag erschien ein Priester, der bei einer anderen Gelegenheit die amerikanischen Angriffskriege des 20. Jahrhunderts verteidigt hatte. Ich hatte mir fest vorgenommen, bei ihm nicht zur heiligen Messe zu bleiben. Nun war er da und eigentlich hatte ich die Gebete mitsprechen wollen. Ich kämpfte mit mir und beschloss zu bleiben. Seine Predigt gab Antworten auf wichtige Fragen, die mich schon länger beschäftigt hatten. So verstand ich, dass Christus in den Sakramenten durch ihn handelt, unabhängig von seinen Sünden oder falschen persönlichen Überzeugungen.

Ein anderes Mal war ich mit einer Freundin und ihren beiden weinenden Kindern bei Wind und Eisregen in Toronto unterwegs. Wir suchten verzweifelt ein Café, um heiße Schokolade zu trinken und uns aufzuwärmen. Da sie den Professor kannte, fragte ich schließlich: Erinnerst du dich, was der Professor in einer solchen Situation getan hätte? Sie lachte: Hail Mary full of grace, please let us find a chocolate place. Ich antwortete: Holy Mary, Mother of God … Kaum hatte ich meinen Teil des Gebets beendet, standen wir vor einem Café und die Kinder hörten schnell auf zu weinen.

Irgendwann waren alle rationalen Vorbehalte beseitigt, dennoch konnte ich mich nicht zum Eintritt in die Kirche entschließen. In einem kirchlichen Bildungshaus hörte ich eine Referentin über Berufung sprechen. Im Englischen unterscheidet man zwei Begriffe: vocation (die Berufung zum Priestertum oder Ordensleben) und calling (andere Berufungen). Sie sprach ausschließlich über »calling« – ein für mich neues Konzept. Ich hatte nie daran gedacht, dass es etwas geben könnte, wozu ich berufen sei. Die Kapelle schien ein stiller Ort zu sein, um ungestört darüber nachzudenken, aber sofort wurde ich durch eine lärmende Gruppe gestört. Schließlich beteten sie. Ich verstand erst spät, was sie beteten, denn der Rosenkranz war mir bis dahin unbekannt. Plötzlich war das emotionale Hindernis wie weggeblasen. Am liebsten hätte ich die Kapelle überhaupt nicht mehr verlassen. Seit jenem Tag fällt es mir schwer, eine offene Kirchentür zu ignorieren.

Aufnahme in die Kirche

Ich bat meine Freunde, meine Aufnahme in die Kirche noch in den USA zu organisieren. Deshalb erhielt ich zweimal wöchentlich individuellen Unterricht. Meine erste Beichte fühlte sich an wie ein Sprung in den Abgrund, aber danach flog ich, berauscht von göttlichem Glück. Auch der Priester schien beglückt zu sein. Der örtliche Weihbischof nahm mich schließlich in die Kirche auf. Es war ein wunderbares Fest. Kurze Zeit später kehrte ich nach Deutschland zurück.

Auf das, was mich dort erwartete, war ich schlecht vorbereitet. Zunächst wurde ich ein zweites Mal in die Kirche aufgenommen. Der amerikanische Bischof hatte mir ein Schreiben mitgegeben, das meine Aufnahme in die römisch-katholische Kirche sowie Beichte, Firmung und Erstkommunion bescheinigte. Nachdem ein deutscher Priester eine Kopie seines Schreibens an die Kirchenverwaltung geschickt hatte, erhielt ich ein offizielles kirchliches Schreiben, das meine Aufnahme in die römisch-katholische Kirche auf knapp zwei Monate nach meiner tatsächlichen Aufnahme in die römisch-katholische Kirche datierte. Deutsch-katholische Uhren ticken anscheinend anders.

Naiverweise hatte ich erwartet, dass Christen sich über Neubekehrte freuen würden. Einzelne freuten sich tatsächlich. In der Mehrzahl scheiterte die freudige Aufnahme in so manche kirchliche Gruppe jedoch an meiner mangelnden Bereitschaft, alle grundlegenden Glaubensüberzeugungen der Kirche noch einmal infrage zu stellen und auf Veränderungen hinzuarbeiten, wie sie später im Rahmen des Synodalen Weges beschlossen wurden. Für mich wäre dies eine Rückkehr in die Sklaverei des Unglaubens gewesen. Ich wollte unter keinen Umständen zurück zu dem Leben, aus dem Christus mich befreit hatte.

Mein Leben als Christin

Die Theodramen hörten auch in Deutschland nicht auf. Eine Freundin bekam ein Kind. Trotz offensichtlicher Alarmzeichen redete die Hebamme ihr ein, dass alles in Ordnung sei. Viel zu spät im Krankenhaus wurden dann doch gesundheitliche Probleme festgestellt, unter anderem ein großes Loch im Herzen. Der Arzt, der das Down-Syndrom diagnostizierte, machte der Mutter Vorwürfe, ihren Sohn nicht abgetrieben zu haben. Um zu verhindern, dass sein Todeswunsch in die Tat umgesetzt würde, bot ich den Eltern an, beim Kind zu bleiben, wenn sie Zeit für sich benötigten. So saß ich stundenlang still betend neben seinem Bett, meinen kleinen Finger in seiner Hand, den Rosenkranz in der anderen Hand. Unsere ständige Anwesenheit sollte dem Krankenhauspersonal den Wert seines kleinen Menschenlebens verdeutlichen. Nach zwei Wochen begleitete ich Mutter und Kind zur kardiologischen

Untersuchung. Die Ärztin konnte kaum glauben, was sie sah. Das Loch im Herzen war innerhalb der zwei Wochen so klein geworden, dass eine Operation – wenn überhaupt – erst in einigen Jahren nötig sein würde.

Ich habe unzählige solche Dinge erlebt. Am Anfang meines Lebens mit Christus dachte ich, dass alle Christen Theodramen und Wunder erleben und die tiefe Freude kennen, die nur er schenken kann. Später fragte ich mich, warum viele Gläubige nicht nur zeitweise, sondern dauerhaft unter der (scheinbaren) Abwesenheit Gottes leiden. Ich weiß es nicht. Vermutlich wäre ich nicht in der Lage gewesen, meine extreme Abneigung gegen alles Kirchliche zu überwinden und mein Leben drastisch zu ändern, wenn ich die so überaus beglückende Nähe Jesu nicht erfahren und seine Wunder nicht erlebt hätte. Trotz all des Übels, das uns auch innerhalb der Kirche niederdrückt, ist es mein größtes Glück, katholisch zu sein und zu wissen, dass Gott existiert und uns liebt.

Thorsten Daum

Mein Weg in die Kirche

Thorsten Daum wurde am 17. Juli 1963 in Berlin-Friedrichshain geboren. Er besuchte zehn Jahre lang die Polytechnische Oberschule in Ostberlin. Im Alter von 15 Jahren konvertierte er am 25. November 1978 in der St. Hedwigs-Kathedrale zum katholischen Glauben. 1979 begann er eine Ausbildung zum Wirtschaftskaufmann, die er zwei Jahre später mit Erfolg beendete. Im Norbertinum in Magdeburg legte er 1984 das Abitur ab. Es folgte das Studium der Philosophie und Theologie in Erfurt bis 1988. Am 30. Juni 1990 wurde er in St. Hedwig zum Priester geweiht. Nach mehreren Stationen als Kaplan und Pfarrer ernannte der Berliner Erzbischof ihn im Januar 2022 zum leitenden Pfarrer der neu gegründeten Pfarrei »Heilige Familie, Spandau-Havelland«.

Zum Altare Gottes will ich hintreten, zu Gott, der mich froh macht von Jugend an.

Ps 43,4

Meine Glaubensgeschichte beginnt in der frühen Kindheit. Ich wurde 1963 im Ostteil von Berlin geboren. Meine Mutter hat mich allein großgezogen zusammen mit meinen Großeltern. Ich bin als Einzelkind groß geworden und sehr dankbar für die Fürsorge, die mir zuteilwurde. Von früher Kindheit an habe ich mich sehr beschützt und behütet gefühlt, denn bei meiner Familie handelt es sich um eine einfache, aber sehr herzliche und lebensfrohe Berliner Familie. Tief im Herzen waren alle in Opposition zum kommunistischen Regime. Seit meiner frühesten Kindheit wurde mir vermittelt, dass ich niemals etwas von dem erzählen darf, was zu Hause gesprochen wird. Der Versuch der Schule zur Indoktrination war mir recht früh bewusst geworden. Schon als kleines Schulkind erkannte ich, dass man uns auf die »richtige« politische Linie bringen wollte.

Religion spielte jedoch in meiner Familie keine Rolle. Das erste religiöse Erlebnis war der Besuch bei polnischen Verwandten in einem Dorf in der Nähe von Posen. Dort war das Wohnzimmer von Tante Marianne ein besonderes Erlebnis für mich: Eine ganze Wand war dort religiösen Bildern gewidmet. In der Mitte prangte ein wunderschönes farbiges Bild der Gottesmutter von Tschenstochau. Mit einfachen Worten wurde mir mitgeteilt, das sei die Mutter Jesu und die Muttergottes. Ich hatte bislang noch nie von ihr gehört.

Ein Jahr später sah ich das gleiche Bild zusammen mit einem Kruzifix in der kleinen Wohnung einer lebensfrohen schlesischen Katholikin: der besten Freundin meiner Großmutter – Tante Hanna. Auf meine Bitte hin hat sie mir nicht nur das Bild erklärt, sondern auch das Kreuz. So war sie meine erste Katechetin, die mir den christlichen Glauben lebendig und sehr eindrucksvoll nahebrachte. Das Feuer war entfacht. Bei dieser Gelegenheit erfuhr ich auch von meiner Taufe in der evangelischen Kirche.

Der Einfluss der Kunst

Schon sehr früh entwickelte ich eine große Zuneigung zur bildenden Kunst. So besuchte ich als Schüler selbstständig Museen in Ostberlin und beschäftigte mich intensiv mit Kunst, Literatur und Geschichte. Im Nachhinein ist es schon verwunderlich, dass ein elfjähriger Junge sich in der griechischen Mythologie bestens auskannte und anfing, selbst hauptsächlich religiöse Bilder zu zeichnen. Zu meinen Kunstwerken gehörte ein kleiner Altar, eine selbstständig gestaltete Weihnachtskrippe und sogar die Illustration eines kleinen Stundenbuches. Inspiration dazu fand ich in vielen Kunstbüchern, die ich von nun an sammelte. Das klingt im Nachhinein alles recht ungewöhnlich, und ich denke, genau das war es auch.

Meine Freude an der Geschichte und der Kunst, besonders der christlichen Kunst, konnte ich nur mit wenigen Freunden teilen. Ich erinnere mich noch an einen Besuch in der Dresdner Gemäldegalerie. Ich hatte mir diesen Ausflug ausdrücklich gewünscht. Zusammen mit meiner Mutter konnte ich viele Gemälde, die ich schon kannte, betrachten und erklären. Es war für mich ein sehr bewegender Augenblick, den auch meine Mutter neben mir so empfunden hat, als wir zur Sixtinischen Madonna von Raffael kamen. Hier kann man erkennen: Die Kunst hilft uns, zur Transzendenz zu gelangen. Mir jedenfalls ist es so ergangen: Der Herrgott hat mir die Schönheit der geschaffenen Welt zunächst in der Kunst gezeigt, was mich dazu bewegte, mich immer intensiver mit der christlichen Botschaft zu beschäftigen.

Sehnsucht nach der Gemeinschaft der Gläubigen

Mein Wunsch nach der Gemeinschaft der Gläubigen wurde indes immer intensiver. Am Heiligen Abend 1977 besuchte ich einen evangelischen Gottesdienst und später in der Nacht, nach einigem Ringen mit der Mutter, meine spätere Pfarrkirche St. Pius V. in Friedrichshain. Dies war meine erste heilige Messe, die sehr feierlich zelebriert wurde.

Natürlich war ich unsicher, aber zugleich auch sehr angetan. Am nächsten Morgen war ich noch ganz erfüllt von diesem wunderbaren Gottesdienst. In den kommenden Wochen rang ich intensiv mit mir, katholisch zu werden. Was sollte ich als Jugendlicher von 14 Jahren tun? Schließlich offenbarte ich mich meiner Familie. Es gab Vorbehalte, war doch unsere Familie immer evangelisch gewesen. Aber letztlich stimmte man zu. Ich durfte mich bei dem Priester einer nahe gelegenen Gemeinde melden. Er war schon sehr erstaunt, dass ein junger Mensch so entschlossen war, den katholischen Glauben anzunehmen mitten in der stalinistischen Zeit. Es wurde nicht gern gesehen, dass man sich zum Glauben bekannte, und es hatte auch negative Auswirkungen auf die Karriere.

Die folgenden Monate waren erfüllt von intensiven Begegnungen mit Gläubigen, von der fast täglichen heiligen Messe und natürlich dem Religionsunterricht, den ich nun wöchentlich in der Kathedrale St. Hedwig erhielt. Gleichzeitig nahm ich regelmäßig am Katechismusunterricht unserer Gemeinde teil. Es war ein wunderbares Glücksgefühl, für das ich heute noch sehr dankbar bin. Ich glaube, auch die anderen Jugendlichen waren erstaunt, dass jemand mit solcher Intensität über den Glauben sprach und ihn suchte.

In die Zeit meiner Vorbereitung auf die Konversion fiel der Tod des damaligen Papstes Paul VI. am 6. August 1978. Mit großer Ergriffenheit habe ich davon erfahren und umgehend für die Seele des Verstorbenen den Rosenkranz gebetet. Tage später feierten Ordensschwestern in einem damals noch existierenden Kloster in der Greifswalder Allee die Totenmesse für ihn. Zum ersten Mal habe ich da an einer lateinischen Messe teilgenommen, wobei der Introitus des Requiems mich tief bewegte. Hier entwickelte sich meine große Liebe zum lateinischen Choral und der festlichen lateinischen Messe. Der Segen »Urbi et Orbi« des Papstes war für mich schon damals spannender als jedes Fußballspiel.

Ein besonderes Erlebnis hatte ich an Fronleichnam 1978 in der St. Hedwigs-Kathedrale. Selbstverständlich nahm ich an dem feierlichen Gottesdienst teil, den Alfred Kardinal Bengsch zelebrierte. Ich wusste damals nicht, dass im Ostteil der Stadt ein Gottesdienst sowie eine Prozession im Freien nicht erlaubt waren. So wurde nach der Messe vor dem Gotteshaus der Segen in alle vier Himmelsrichtungen gespendet. Der Bischof trug das Allerheiligste unter einem Baldachin und alle Menschen knieten nieder. Noch nie sah ich ein solches Bekenntnis zum Glauben mitten in Ostberlin, in einer Welt, in der Gott angeblich doch nicht existierte. Als die Monstranz an mir vorbeigetragen wurde, kniete auch ich nieder.

Im Nachhinein denke ich: In diesem Augenblick bin ich im Herzen katholisch geworden. Der katholische Glaube mit all seinen Bräuchen, Riten und Gebeten hatte mich tief ergriffen. Ich war in dieser Zeit überglücklich, den Sinn für mein Leben gefunden zu haben. Das begann ich auch immer deutlicher anderen zu bekennen.

Warum ich katholisch bin

Warum bist du katholisch geworden? So wurde ich gefragt. Weil es die Wahrheit ist und uns auch so von Jesus geschenkt wurde. Das ist die Kirche Jesu Christi – gegründet durch Jesus Christus und weitergegeben durch die Apostel. So verstand ich auch das Amt eines Bischofs als Nachfolger der Apostel. Unvergesslich bleibt für mich auch das erste Pontifikalamt (eine besonders feierliche Bischofsmesse) 1978 mit Kardinal Bengsch.

Mein Gebetsleben wurde nun viel reicher. Hatte ich zuvor schon zu Gott gebetet, meistens in schwierigen Augenblicken, so begann ich nun, regelmäßig am Tag Gebete zu sprechen und mich in die Gegenwart Gottes zu versetzen. Gerne habe ich schon vor dem Gottesdienst in der Kirche gebetet. Andachtsformen wie den Rosenkranz lernte ich mit großem Gewinn kennen und lieben. Die Sehnsucht nach dem Empfang der göttlichen Speise wurde immer intensiver. Ich konnte es kaum abwarten. Am 25. November 1978 war es dann endlich so weit. Am Sakramentsaltar von St. Hedwig durfte ich das Glaubensbekenntnis vorbeten: »Ich glaube und bekenne alles, was die heilige katholische Kirche glaubt und verkündet.« Nun wurde ich feierlich in die volle Gemeinschaft der heiligen römischen Kirche aufgenommen. Dabei war ich mir mit 15 Jahren voll und ganz dieses Schrittes bewusst. Dankbar erinnere ich mich an die Anwesenheit meiner gesamten Familie bei dieser Zeremonie, die mir so ihre Unterstützung zeigte.

Tage später empfing ich sehr aufgeregt erstmals das Sakrament der heiligen Beichte. Mein lieber Heimatpfarrer versuchte erfolgreich, mir jegliche Angst zu nehmen und mich zu trösten. Ich war sehr glücklich, die Beichte ablegen zu dürfen, aber wie groß war erst das Glück am nächsten Tag, dem ersten Adventssonntag 1978, als ich beim Hochamt in St. Hedwig zum ersten Mal den eucharistischen Heiland empfangen durfte. Dieses Glück kann ich nicht beschreiben, das ist die Freude des Glaubens, die uns alles andere vergessen lässt. Jesus selbst war in mein Herz gekommen. Ich kann nur dankbar sein für diesen Schritt und für die Führung Gottes. Gerade das eucharistische Mysterium wurde in meinem Leben zu einer immer größeren Quelle der Freude und des Trostes.

Die Berufung zum Priester

Nun galt es, diesen Glauben zu leben. Was ja schon eine große Veränderung mit sich brachte, da ich jeden Sonntag und oftmals auch wochentags am Gottesdienst teilnahm. Meine Umgebung nahm das sehr wohl wahr. Wie selbstverständlich kam mir mitunter der Gedanke, Priester zu werden. Ich war aber noch zu jung für diesen Schritt. Ich bin sehr dankbar, dass die Geistlichen des Bistums zusammen mit mir und meiner Mutter eine gute Lösung gefunden haben. Zunächst beendete ich die Schule und schloss eine Ausbildung zum Wirtschaftskaufmann an. Mein Wunsch, Priester zu werden, intensivierte sich zu dieser Zeit – und mit ihm das Bewusstsein, vom Herrn berufen zu sein.

Was mich dazu gedrängt hat, einen so wichtigen Entschluss zu fassen, die Religion als Mittelpunkt des Lebens zu sehen? Der Herr hat etwas mit mir vor. Genau das habe ich gespürt: Gott ruft mich in seine Nachfolge. Ja, es war Jesus. Ihn habe ich immer mehr durch das Lesen der Heiligen Schrift und das Gebet kennengelernt, so wie ich auch die Kirche mit ihrer reichen Liturgie kennenlernen durfte. Das heißt aber nicht, dass ich als pubertierender Jugendlicher mit der Beichte anfangs nicht fremdelte. Umso dankbarer bin ich für eine Beichte bei einem alten Jesuitenpater, der mir den ganzen Trost und die Schönheit des Bußsakramentes durch seine Art der Seelsorge nahegebracht hat. Was für ein großer Trost liegt doch darin, wenn man sich Christus anvertrauen darf mit aller Schwäche und Gebrechlichkeit. Er will dich nicht vernichten und nicht anklagen, sondern er will dir seine ganze Barmherzigkeit offenbaren, er will dich heilen, damit du aufstehst und neu anfängst.

Immer mehr habe ich mich für die Kirchengeschichte interessiert, vor allem für die großen Glaubensgestalten. Viele Heilige hatten es mir angetan. Aber schließlich wählte ich zu meiner Firmung 1981 den heiligen Franziskus von Assisi. Der Autor Louis de Wohl hatte ihn mir durch sein Buch »Der fröhliche Bettler« nahegebracht.

Auf dem Weg zum Priestertum

Am Herz-Jesu-Fest 1981 konnte ich nach Magdeburg fahren, um dort die Aufnahmeprüfung für das Norbertuswerk abzulegen. Dieses Haus war errichtet worden für junge Männer, die im sozialistischen Staat kein Abitur ablegen konnten. In drei Jahren hatte man die Gelegenheit, ein humanistisches Abitur zu erlangen. Ich erinnere mich, dass ich am Morgen der Aufnahmeprüfung mich ganz bewusst und für immer der Jungfrau Maria geweiht habe. Ich wohnte mit zwei anderen jungen Männern in einem Zimmer. Das war schon eine große Umstellung für jemanden, der sein ganzes Leben als Einzelkind gelebt hat. Aber die besten und tiefsten Freundschaften haben dort begonnen. Ein mühevoller und steiniger Weg lag nun vor mir, jedoch die größte Kraftquelle, die mich alles überwinden ließ, war die tägliche heilige Messe, an der ich mit großer Freude teilgenommen habe. Auf dem Tabernakel standen die Worte: *Tu autem sequere me* – »Du aber folge mir nach«. Ich bin sehr dankbar für diese intensive Zeit.

Im Juni 1984 durfte ich mein Abitur ablegen und es schloss sich das Studium der Philosophie und Theologie in Erfurt an. Diese Jahre haben in mir die Dankbarkeit für den katholischen Glauben nur vertieft. Gleichzeitig erlebte ich, dass es innerhalb der katholischen Kirche eine große Diversität gab, die sich heute, nach Jahrzehnten, fast schon als Spaltungen offenbart. Unter diesen Umständen erschien ich als konservativ, was mir nicht nur Vorteile einbrachte. Nein, manches Mal war es nicht sicher, ob ich im Priesterseminar bleiben durfte. Aber auch hier bin ich dankbar, dass die Verantwortlichen erkannten, dass bei mir eine wirkliche Berufung zum Priestertum vorhanden war.

Für mich war das tägliche Gebet samt Stundengebet immer eine große Quelle in der Berufung. Bis heute habe ich am Stundengebet der Kirche eine große Freude. Das liturgische Gebet ist eine Form des Betens, die uns helfen kann, uns Gott zu nähern, neben den anderen Formen des Betens.

Aber auch die klassischen Formen der Frömmigkeit wie die Verehrung des Heiligsten Herzens Jesu und die Verehrung der Muttergottes und der Heiligen waren mir immer sehr wichtig. Somit war ich eher ein Außenseiter, denn die meisten konnten nicht viel damit anfangen. Aber einige Mitbrüder, die ich heute auch zu meinen engsten Freunden zähle, sind mit mir diesen Weg gegangen. Sehr wichtig war auch, dass wir uns gegenseitig bestärkten, regelmäßig die Beichte zu empfangen. Was ich seit meiner Jugend regelmäßig getan und nie vernachlässigt habe. Rückblickend kann ich sagen, dass mir das Studium sehr viel Freude bereitet hat.

Im Dezember 1988 durfte ich die zweite theologische Hauptprüfung ablegen und wenige Tage später wurde ich durch Kardinal Meisner als Priesterseminarist aufgenommen. Am 6. Januar 1989 begann der neue Weg im Pastoralseminar von Neuzelle. Praktika führten mich gut in das Gemeindeleben und die Seelsorge ein. Vier Wochen vor der Diakonenweihe im Dezember 1989 ereignete sich dann etwas, das mein und unser aller Leben massiv verändert hat: Die Mauer fiel. Am 11. November 1989 betrat ich den Westteil meiner Heimatstadt Berlin zum ersten Mal. Ich konnte nicht wissen, dass der Herr geplant hatte, mich fast den größten Teil meines Priesterlebens im Westen Berlins einzusetzen. Die Veränderungen waren sehr massiv, vieles wurde nun möglich, was vorher unmöglich erschien.

Die Priesterweihe

Meine Priesterweihe in der St. Hedwigs-Kathedrale fand am 30. Juni 1990 statt. In der Nacht zum 1. Juli wurde im Ostteil Deutschlands die D-Mark eingeführt, davon war meine Primiz stark geprägt. Das Erlebnis der Priesterweihe war für mein weiteres Leben ebenfalls von großer Bedeutung: Ohne Vorbehalt habe ich mein ganzes Leben Jesus und den Menschen geweiht. Erst hier wurde mir bewusst, dass alles, was in meinem Leben geschah, seiner Führung entsprach. Wenn sich auch manches in Kirche und Gesellschaft veränderte, dunkle Wolken unsere Herzen erschütterten, kann ich doch bezeugen, dass die Freude am Glauben und an der Gegenwart Gottes mich zutiefst gestärkt und geprägt haben.

Halt und Orientierung durch die Kirche

Meine Konversion war für mich ganz bewusst auch ein Eintritt in das kirchliche Leben. Trotz meiner persönlichen Entscheidung für den katholischen Glauben war mir doch bewusst, dass dieser Glaube durch die Kirche vermittelt wird. In ihrer Gemeinschaft und durch ihre Stärkung habe ich Halt und Orientierung gefunden. Am Anfang war ich unsicher, weil ich nicht den Halt einer katholischen Herkunft hatte, aber ich habe mich niemals als Außenseiter gefühlt. Oftmals wurde ich gefragt, warum ich denn katholisch geworden sei. Ehrlich gesagt muss ich darüber lächeln. Denn wenn man den katholischen Glauben kennt, dann weiß man, dass es gut ist, bei Jesus in der Gemeinschaft der Kirche zu sein. Wenige Monate nach meiner Priesterweihe hatte ich das unfassbare Glück, an einer Pilgerreise teilnehmen zu können. Wir besuchten Rom, und als wir am späten Abend mit einigen Mitbrüdern auf dem Petersplatz standen, war ich überwältigt von dem wunderbaren Geschenk der Freiheit, das Gott uns gemacht hat. Am nächsten Tag wurde uns dann – es war der 9. November 1990 – die Ehre einer Audienz beim heiligen Papst Johannes Paul II. zuteil.

In den Zeiten der Trauer habe ich besonders den großartigen Glauben der Kirche, der sich in ihrer Liturgie für die Verstorbenen ausdrückt, kennengelernt. Als meine Mutter mit 71 Jahren nach kurzer Krankheit in meinen Armen starb, war es dieser Glaube an das ewige Leben und das Gebet der Kirche für die Verstorbenen, die mir Kraft gaben. Und da war die Verheißung des Herrn in den Seligpreisungen, die mich über alle Maße getröstet hat: »Selig die Trauernden, denn sie werden getröstet werden.«

Meine Stationen in Westberliner Gemeinden

Die St. Dominicus-Gemeinde in der Gropiusstadt: Hier erlebte ich großartige Menschen, und vor allem war die überfüllte Kirche mit 1.200 Kirchgängern am Sonntag für mich ein unfassbares Erlebnis. Drei Jahre lang durfte ich dort wirken. Manchmal begegne ich immer noch Gläubigen, die von dieser Zeit geprägt wurden. Es war für mich eine Freude, eine Jugendgruppe mit engagierten jungen Erwachsenen aufbauen zu können. 1995 durfte ich dann nach Berlin-Schöneberg wechseln, in die Gemeinde St. Matthias am Winterfeldplatz. Die Pfarrei war geprägt von einer feierlichen Liturgie und einem bunten Gemeindeleben. Diese Jahre haben mir sehr viel Freude bereitet, sodass ich 1999 endlich reif war, eine eigene Gemeinde zu übernehmen. Das Los fiel auf die Pfarrei St. Theresia vom Kinde Jesu in Berlin-Buckow. Eine Gemeinde am Stadtrand von Neukölln, zu der später auch die Ortschaft Großziethen in Brandenburg dazukam. 18 Jahre lang bin ich dort Pfarrer gewesen und habe vieles erlebt und auch manches bewegen können. In der jetzigen kirchlichen Situation, in der Großpfarreien geschaffen wurden, ist es im Rückblick ein großes Geschenk, so lange Zeit Pfarrer einer einzigen Gemeinde gewesen sein zu können. Ich konnte mich hauptsächlich der Gemeindearbeit und der Seelsorge widmen.

Dankbarer Rückblick

Wenn ich meinen bisherigen Lebensweg betrachte, dann erkenne ich in den unterschiedlichen Stationen meines persönlichen Lebens immer einen roten Faden. Dieser Faden war der geheimnisvolle und unergründliche Gott. Dieser Gott ist mir im Erlöser Jesus Christus, dem Sohn Mariens, begegnet. Dass ich ihm folgen darf, dafür bin ich unendlich dankbar. Ihm in seiner Kirche zu dienen, ist und bleibt ein Geschenk. Vieles hat sich gewandelt und wird sich in meinem Leben wohl noch verändern. Er aber bleibt treu. Ihn gefunden zu haben, ist das größte Glück für mich. Das kann ich auch als Priester den Menschen, die mir begegnen, sagen und bezeugen. Ich habe ihn gefunden, der mein Herz froh macht von Jugend an.

Sylvia Sobel

Der Weg nach Hause

Sylvia Sobel wurde 1960 in Berlin-Kreuzberg geboren. Sie studierte in Toulouse, Marburg und Berlin Sprachen und evangelische Theologie. Sie ist mit Alfred Sobel verheiratet, Mutter von drei Kindern und war 30 Jahre lang als Lehrerin und Schulmediatorin tätig. Ihre Leidenschaft für Glaube und Theologie setzt sie in Artikel und Bücher zu diesen Themen um. 2015 konvertierte sie zum Katholizismus.

Eine jegliche Umkehr, denn das bedeutet Konversion auch, ist wertvoll und segensreich, wenn sie von der Dunkelheit ins Licht führt.

Sylvia Sobel

Mein Weg in die allumfassende katholische Kirche erfolgte nicht durch eine Blitzkonversion. Dieser Glaubensweg begann in einer evangelisch-lutherischen Kirche in einem Arbeiterviertel von Berlin. Der Glaube an Gott spielte in meiner Herkunftsfamilie eine sehr untergeordnete Rolle, der Kirchenbesuch gar keine. Dennoch wurde ich zum evangelischen Konfirmandenunterricht angemeldet nach dem Motto: »Es kann ja nicht schaden.« Nicht getauft, erhielt ich die für die Konfirmation notwendige Taufe so nebenbei eine Woche vor der Konfirmation im Alter von 13 Jahren.

Bereits bei der Taufe hatte ich jedoch das Gefühl und eine Ahnung, dass sich fortan etwas verändern könnte. Diese Ahnung liegt mittlerweile immerhin über 50 Jahre zurück, aber ich erinnere mich noch so genau an diesen Augenblick, als sei es gestern gewesen.

Die Aufnahme in die evangelische Kirche war für mich damals auch die Bestätigung einer Gotteskindschaft, wobei die Schwerpunkte dieser Kirche seinerzeit keine Rolle spielten. Ich wusste mich nun von Gott an- und aufgenommen. Im Verlauf der kommenden Jahre des Erwachsenwerdens und -seins gab es zahlreiche Situationen, in denen ich die Hand Gottes über meinem Leben erfuhr. So bei der Entscheidung für meinen Bildungsweg, denn als Kind einer Arbeiterfamilie brauchte es damals Durchsetzungsvermögen und Gottvertrauen, um Abitur und Studium zu bewältigen und zu finanzieren; meine Eltern lehnten einen Schulbesuch nach der zehnten Klasse kategorisch ab. Später im Studium setzten sich Arbeit für den Unterhalt und Studium im Alltag fort. Auf diese Weise erlebte ich damals bereits das mir gegebene Durchhaltevermögen und manch glückliche Fügung als Geschenk von oben.

Wegweisende Fügungen

Eine dieser wegweisenden Fügungen war ein Auslandsaufenthalt nach dem Abitur, der mich nach Toulouse in Südfrankreich führte, wo ich als Au-pair-Mädchen mein Studium der Sprachen und Theologie finanzierte.

In dieser Zeit kam ich mit einer katholischen Jugendgruppe in Kontakt, deren Leiterin die Schwester des Prinzgemahls von Dänemark war: eine Nonne und Krankenschwester von einer Demut und Herzlichkeit, die mich sofort in ihren Bann zog. Diese Begegnung mit Schwester Catherine de Monpezat und den katholischen Jugendlichen beeindruckte mich nachhaltig. Ich wurde eingeführt in die französische katholische Liturgie und die natürliche und selbstverständliche Frömmigkeit dieser jungen Leute. Die Liturgie in Toulouse war seinerzeit stark geprägt von dem Dominikanerpater André Gouzes, der wundervolle, harmonische und spirituelle Melodien und Texte komponiert und verfasst hat.

Nach einem Jahr in dieser Umgebung habe ich bereits eine Abzweigung in Richtung katholische

Kirche in meinem Glaubensleben vorgenommen, allerdings zunächst noch für viele Jahre nur innerlich und von mir selbst mit stillem Erstaunen wahrgenommen.

Die Wahl des Studienfaches der evangelischen Theologie war dann im Grunde eine Konsequenz aus meinem bisherigen Lebensweg als evangelische Christin und vielleicht so etwas wie ein Dankeschön an den Schöpfer für seine bisherige Begleitung und Ermutigung. Ein Übertritt in die katholische Kirche kam seinerzeit nicht infrage und erschien mir noch nicht nötig. Dabei muss erwähnt werden, dass ein Studium der evangelischen Theologie nicht unbedingt primär glaubensstärkend ist. Damals beneidete ich katholische Studienkollegen, denen eine geistliche Begleitung angeboten wurde. Ich empfand die evangelische Kirche einmal mehr als stark »verkopft« und wenig spirituell.

Jedoch: »Ein Herr, ein Glaube, eine Taufe.« Dieser Ausspruch des heiligen Paulus im Brief an die Epheser war stets mein Motto; außerdem war ich überzeugt, dass Gott ja keine Konfession besitzt oder gar favorisiert. Warum dann die Konfession wechseln? Trotzdem zog es mich häufig in katholische Gotteshäuser und in die katholische Messe. Warum?

Es war zunächst die Liturgie, die mich anzog mit allem, was dazugehört: Gesänge, Form, Kontinuität und eben Katholizität: In jedem Land der Welt finden wir uns als Katholiken wieder, können an der Liturgie teilhaben. Die Feierlichkeit und Andacht, mit der die katholische Messe zelebriert wird, haben mich ebenso seit meinem Aufenthalt in Toulouse immer wieder in ihren Bann gezogen. Dazu gehört auch der alles durchdringende Geruch von Weihrauch, der noch Stunden nach der heiligen Messe in der Luft hängt und von dem feierlichen Geschehen Zeugnis ablegt.

Im Verlauf der Jahre wurde mir dann immer klarer, dass ich diese äußeren Zeichen der Gnade und der Nähe Gottes brauche, wie sie in der katholischen Liturgie zu finden sind, um den Pilgerweg des Glaubens mit seinen Höhen und Tiefen gehen zu können und auf ihm zu verbleiben.

Als Studentin der evangelischen Theologie in Marburg und ebenso später als Lehrerin für evangelische Religion und Sprachen lag ein Übertritt allerdings noch in weiter Ferne, gedanklich und faktisch. So fühlte ich mich lange Zeit als »Mischling Gottes« in Bezug auf die beiden großen christlichen Konfessionen, um es mit einem treffenden Wort des französischen Konvertiten und späteren Kardinals

Jean-Marie Lustiger auszudrücken, der als Jugendlicher vom Judentum zum katholischen Glauben übertrat.

Was gab den Ausschlag zur Konversion in die katholische Kirche?

Es war keine Blitzbekehrung wie bei André Frossard, der auf der Suche nach einem Freund in einer katholischen Kirche bei der Betrachtung der Monstranz, umgeben vom Gebet andächtiger Ordensschwestern, plötzlich vom Geist Gottes ergriffen und fortan geleitet und getragen wird. Er, der vormals bekennende Atheist, verlässt nach wenigen Minuten diese Kirche als gläubiger Katholik. Mich hingegen führte die Hand Gottes durch eine Entwicklung, die sich über viele Jahre erstreckte. Die nähere Bekanntschaft mit einem inspirierenden und glaubensstarken Priester, der ebenfalls von der evangelischen Kirche in die katholische übergetreten war, gab dann den letzten Anstoß. Er führte mir einfühlsam, aber deutlich vor Augen, dass ein Übertritt in die katholische Kirche eben kein »Verrat« an meinem bisherigen Glauben und Leben als evangelischer Christ sei, sondern eine Entwicklung hin zu einer persönlichen Art und Weise, den Glauben zu suchen, zu leben, zu lieben und um wirklich dazuzugehören zur allumfassenden katholischen Kirche. Durch die Anleitung und Bestärkung dieses Gottesmannes, unseres Pfarrers Thorsten Daum, konnte ich den Sprung wagen in eine Glaubenspraxis, die es mir ermöglicht, auf dem Pilgerweg des Glaubenslebens gestärkter, inspirierter und gesegneter voranzuschreiten. Also wechselte ich die Wohnung in Gottes großem Haus.

Um eine weitere Metapher zu benutzen: Nähert man sich dem Meer, so leuchtet es bereits von Ferne oftmals golden und verheißungsvoll. Je näher man kommt, desto faszinierender und einladender nimmt es den Betrachter gefangen. Ähnlich ergeht es mir in Hinsicht auf die Fülle der katholischen Sakramente, die uns begleiten wollen vom Beginn bis zum Ende unseres irdischen Lebens. Im Lichte der Liturgie und Tradition der katholischen Kirche kommt mir das Geheimnis des Todes und der Auferstehung des Herrn Jesus Christus näher und es leuchtet heller.

Darüber hinaus eröffnet die Feier der Eucharistie jedem Katholiken eine innige Nähe zum gekreuzigten und auferstandenen Herrn, um daraus gesegnet und gestärkt hervorzugehen. Die andächtige und feierliche Liturgie führt uns hin zu diesem Leben spendenden Sakrament.

Papst Benedikt stellte bereits als Kardinal fest, dass es in der Liturgie keiner Überraschungen oder

Neuerfindungen bedarf, sie leuchtet von innen heraus.

Die Rolle der Heiligen

Nicht zuletzt fühle ich mich unterstützt und gestärkt durch die Heiligen, die für mich zu wichtigen Begleitern in den Stürmen des Lebens geworden sind. Besondere Freundschaft habe ich mit folgenden Heiligen geschlossen: Neben der Gottesmutter und ihrem Bräutigam, dem heiligen Josef, begleiten mich Thérèse von Lisieux mit ihrem kleinen Weg der Demut und der bedingungslosen Liebe sowie der Pfarrer von Ars und Vinzenz von Paul mit ihrer Hingabe und Fürsorge für die einfachen und aufrichtigen Mitmenschen auf meinem Glaubensweg. Darüber hinaus ist es auch die Freundschaft mit den »Heiligen ohne Heiligenschein«, wie es der große Hagiograf Walter Nigg ausdrückte, und zwar meinen geistlichen Begleitern, verschiedenen Ordensleuten aus Frankreich und Deutschland. Diese »Gottesbeweise auf zwei Beinen«, wie ich sie gerne nenne, haben mir die Schönheit und Echtheit des katholischen Glaubens zum Greifen nahegebracht.

Ausblick

Es bleibt noch ein Stück des Weges zu gehen, manches Mal im Nebel, und größtenteils muss man das Schweigen Gottes ertragen. Dies fällt mir jedoch erheblich leichter, weil ich mich getragen weiß von der Liebe, Fürsprache und Gegenwart der Heiligen, der katholischen Liturgie, den Sakramenten und der seit Jahrtausenden bewährten Tradition der katholischen Kirche. Möge sie sich niemals den Gesetzen der Welt und deren oftmals zerstörerischen Folgen anpassen und unterordnen. »Ich bin der Weg, die Wahrheit und das Leben.« Dieses Herrenwort aus dem Johannesevangelium gilt für alle christlichen Konfessionen und sollte uns vor allem in Zeiten des Zweifels begleiten und stärken. Lassen wir uns auf die Worte und Weisungen dessen ein, der Alpha und Omega, der Anfang und das Ende ist.

Kerstin Goldschmidt

Die katholische Kirche ist für mich eine große Schatzkammer

Kerstin Goldschmidt ist Witwe, Mutter einer Tochter und seit 2004 mit ihrer Firma »Goldsprung« selbstständig. Sie arbeitet in diesem Rahmen als Trainerin und Coach für Unternehmen und Führungskräfte und moderiert auch Fernsehsendungen und Veranstaltungen

Maria hat mir eine neue Seite von Christus gezeigt.
Kerstin Goldschmidt

Herkunft

Meine Eltern ließen mich als Baby in einer evangelischen Kirche taufen und mit 14 Jahren nahm ich am Konfirmandenunterricht in einer sehr lebendigen Gemeinde teil. Mein eigentlicher Glaubensweg begann jedoch im Alter von 15 Jahren mit einer besonderen Gotteserfahrung, die ich während eines Urlaubs machen durfte.

In einer Sommernacht lag ich am Strand und schaute in den wunderschönen Sternenhimmel. Ich fühlte mich sehr geborgen bei dem Gedanken, dass der große Schöpfergott, der so viel Schönheit in die Natur hineingelegt hat, mir das Angebot macht, mit mir als liebender Vater, Wegweiser und Freund in Kontakt zu treten. Ich erlebte Gott als nahe und nicht weit weg im Universum. Obwohl die Schönheit der Natur in der Evolution eigentlich keinen Platz hat, fragte ich mich, warum es diese Schönheit dann wohl gäbe. Ich erlebte das Sternenfunkeln als etwas so Schönes und Anrührendes, dass ich diesem großartigen Angebot Gottes unbedingt nachgehen wollte, um mehr von diesem Schöpfergott zu erfahren. Ich fand den Weg in eine evangelische Gemeinde, die aktiv in der Jugendarbeit war.

Am 31. Dezember 1989 übergab ich ganz bewusst mein Leben dem Herrn und Schöpfer, um mit ihm mein Leben zu gestalten. Was das im Tiefsten bedeutet, konnte ich damals noch nicht wissen. Aber es war ein Ja zu ihm, das mir später über Zeiten der geistlichen Dürre hinweghalf. »Ich habe Ja zu ihm gesagt, weil er zuvor schon Ja zu mir gesagt hat.«

Im Laufe der Zeit trat ein Aspekt der Erlösung hinzu. Ich entdeckte, dass ich Schuld auf mich geladen hatte, und zugleich wurden Menschen an mir schuldig. Ich bemühte mich zu vergeben, immer wieder neu anzufangen und dabei Energie aus dem Glauben zu schöpfen.

Ich entwickelte zu Jesus eine persönliche »Erlöserbeziehung« als meinem Freund und Ermahner sowie als geistlichem Vater, der mir vorangeht und in vielen Entscheidungen Ideen schenkt. Er stellt mir immer wieder Menschen an die Seite und zeigt mir, was in besonderen Situationen der nächste Schritt sein könnte.

Aufgehoben in verschiedenen Freikirchen

Zunächst war ich in der evangelischen Landeskirche verankert, um dann in Freikirchen zu wechseln, wobei ich durch Umzüge während 25 Jahren die unterschiedlichsten Freikirchen kennenlernen durfte. Zum Schluss war es eine charismatische Gemeinde, davor war es die FEG (freie evangelische Gemeinde) und eine pietistische Brüdergemeinde. Alle Gemeinden haben mich geprägt. Dabei habe ich wunderbare Menschen kennengelernt, die mit ihrem ganzen Leben Jesus folgen und ihren Glauben authentisch leben wollen.

Die Vielzahl der unterschiedlichen Glaubensformen hat mich geprägt. Die letzte Gemeinde, in der ich gewesen bin und die ich 2015 aus persönlichen Gründen verlassen habe, war, wie erwähnt, eine charismatische Freikirche. Sie entsprach mir vom Persönlichkeitstypus durch ihre Lebendigkeit, die Pop- und Rockmusik und den Bezug zum Heiligen Geist sowie die Erkenntnis, dass der Heilige Geist noch heute wirkt, dass wir sein Wirken erleben und sehen können.

Der Weg in die katholische Kirche erfolgte dann sehr langsam. Ich bin seit über 20 Jahren selbstständig als Coach, Trainerin und Personalberaterin tätig. Das ist meine Leidenschaft und Berufung. Mein Motto ist zu fördern und zu fordern, worin ich eine Parallele zu meinem Glauben sehe: Ich wünsche und erhoffe mir von Gott, dass er mich fördert und auch fordert mit allem, was dazugehört.

Schlüsselerlebnis – Krankheit

2001 lernte ich meinen Mann kennen und 2003 haben wir in der Freikirche der Baptisten geheiratet. 2004 erhielt mein Mann aus heiterem Himmel die Diagnose Kieferhöhlentumor. Zehn Jahre lang war er krank, er musste über 40 Operationen und mehrere Chemotherapie-Zyklen über sich ergehen lassen. Zu dieser Zeit gab es für mich ein Schlüsselerlebnis: Wir erhielten einen Anruf, dass der Krebs gestreut hatte. Nach dieser Nachricht lag ich heulend und schreiend auf meinem Bett und fragte: »Herr, wie kannst du das zulassen?« Da kam mir Psalm 23 in den Sinn: »Der Herr ist mein Hirte und mir wird nichts mangeln.« Ich sagte darauf: »Mir mangelt es an allem. Meine Selbstständigkeit läuft nicht, ich habe ein kleines Kind, meinem Mann geht es sehr schlecht und er ist auch äußerlich entstellt. Ich weiß, dass du Gott bist, dass du groß bist und heilen kannst: Warum greifst du nicht ein?«

In dem Moment kam ein ganz tiefer Friede über mich. Es war ein Geschenk. Mit diesem tiefen Frieden konnten wir den Schmerz ertragen. Mein Mann hatte bis zum Schluss die Gewissheit, er werde zu Jesus in die Ewigkeit gehen. In diesem Glauben ist er dann gestorben.

Nach dem Tod meines Mannes hat es zwei Jahre der Aufarbeitung gebraucht, um nicht bitter zu werden. Viele Gespräche haben mir dabei geholfen. Ich wurde immer wieder ermutigt, auf Gott zu vertrauen: »Wohin sollte ich gehen, wenn nicht zu Gott?« Ich bin mir sicher, dass die Toten, die uns vorausgegangen sind, nicht wollen, dass wir in Trauer versinken.

Der Weg in die katholische Kirche war für mich nun ein ganz besonderer: Ich sehe inzwischen die katholische Kirche als eine Art Schatzkammer, wobei es viele Schätze noch zu erschließen gilt, z. B. die Heiligen und ihre Biografien, die heilige Atmosphäre in der Messe oder auch den Katechismus, der eine 2.000-jährige Glaubensgeschichte enthält. Zwar kenne ich mich in der Heiligen Schrift ganz gut aus, aber die Zusammenhänge durch Predigt, Lektüre oder theologische Beiträge erschließen mir einen tieferen Zugang zu den Sakramenten. Die Schätze helfen mir persönlich bei meiner Gottesbeziehung, um tiefer zu gehen und reifer zu werden, aber auch um Zeugnis zu geben für andere.

Je mehr ich mich mit dieser Schatzkammer beschäftige, z. B. mit dem Wort Gottes, dem Verständnis des Wortes Gottes oder der Geschichte der Kirche, desto mehr formt Gott mich in meiner Persönlichkeit. Meine Hoffnung ist, dass ich mich dadurch mehr einbringen kann, auch in der Beratung von Menschen, ohne missionarisch zu sein, sondern als Zeugnis für andere. Ich möchte die Schätze nutzen, die Gott für uns »geschaffen« hat. Ich möchte mich noch mehr mit diesen Schätzen auseinandersetzen, mich davon formen und prägen lassen.

Ich habe früher nie daran gedacht, katholisch zu werden. Nachdem ich 2015 aus der Freikirche ausgetreten bin, war ich planlos. Ich wusste nicht, wo ich hingehen sollte. In jener Zeit war ich aber über einen Freund mit der charismatischen Erneuerungsbewegung in der katholischen Kirche, die meinem Frömmigkeitsstil entsprach, in Kontakt gekommen. Er lud mich mit meiner Tochter zu den Veranstaltungen der Charismatischen Erneuerungsbewegung in der Diözese Rottenburg-Stuttgart ein. Ich hatte viele Vorurteile, die ich schnell abbauen konnte. Diese persönlichen Kontakte mit Katholiken überraschten mich sehr. Ich stellte fest, dass sie lebendig und gläubig waren und im Heiligen Geist standen, um Heilung beteten und von innigen Christus-Beziehungen erzählten.

Doch gab es noch keinen Grund zu konvertieren. Ich ging immer öfter in die katholische Messe und empfand es als angenehm, dass mich niemand, wie in den Freikirchen, angesprochen hat mitzumachen und mich zu engagieren. Ich wollte einfach meine Ruhe haben.

2017 kam meine 9-jährige Tochter auf mich zu mit der Bitte, getauft zu werden. In der Freikirche war es ja nicht üblich, Kleinkinder zu taufen, man wartete, bis eine persönliche Glaubensentscheidung gefällt wurde. Als meine Tochter diesen Wunsch äußerte, war ich sehr dankbar und gerührt, weil ich wusste, sie hat verstanden, dass Jesus ihr Freund sein möchte und ihr Erlöser ist. Die Frage war nun: In welcher Konfession sollte das geschehen? Ich war ziemlich ratlos. In dieser Situation habe ich mich an den Herrn gewandt: »Jesus, du musst mir zeigen, in welcher Konfession meine Tochter getauft werden soll.«

Im gleichen Jahr wurde der neue katholische Ortspfarrer mit einem sehr feierlichen Gottesdienst in sein Amt eingeführt, an dem meine Tochter und ich teilnahmen. Während des Gottesdienstes stieß mich meine Tochter an und sagte: »Dieser Pfarrer soll mich taufen.« Ich war perplex und antwortete: »Der Pfarrer ist aber katholisch.« Darauf meine Tochter: »Das ist doch egal.«

In den folgenden Wochen sprach mich meine Tochter wiederholt darauf an, es war also keine kindliche Laune. So suchte ich das Gespräch mit dem Pfarrer und erwähnte natürlich, dass ich nicht katholisch sei. Ich dachte, dass ich nun abgewiesen werden würde, zumal meine Tochter den Wunsch geäußert hatte, in einem großen Becken mit Untertauchen getauft zu werden. Der Pfarrer stockte zunächst, aber er sagte dann: »Ja, Frau Goldschmidt, das bekommen wir hin.«

Ein halbes Jahr später wurde meine Tochter tatsächlich in einem Naturfreibad durch Untertauchen getauft. Dass das in der katholischen Kirche möglich war, hat mich sehr berührt. Nach der Taufe fühlte ich mich durch den Herrn angesprochen: »Kerstin, ich bin diesen ganzen Weg mit dir mitgegangen. Du hast gesehen, welche Türen ich geöffnet habe. Möchtest du nicht nach Hause kommen?«

Ja, das wollte ich. Die katholische Kirche war das Zuhause, zu dem ich so viele Jahre unterwegs war.

Hindernisse

Die Zeit bis zur endgültigen Konversion war nicht leicht, weil sich noch fünf Hürden vor mir auftürmten, die Protestanten oder Freikirchler mit dem Katholizismus fremdeln lassen:

Da war das Eucharistieverständnis: Was geschieht bei der Wandlung mit der Hostie? Die Wandlung in den Leib Christi habe ich auch in der Schrift gefunden. Als Charismatikerin bin ich davon überzeugt, dass der Heilige Geist verändern kann. Die Wandlung konnte ich schnell nachvollziehen.

Mit Maria hatte ich zunächst meine Not, weil ich nicht verstanden habe, dass die Katholiken sie verehren, aber nicht anbeten. Jetzt weiß ich: Sie verweist auf Jesus und sagt: »Geht zu Christus.« Sie ist ein großartiges weibliches Vorbild.

Ein Problem war auch das Ämterverständnis. Müssen die Ämter den Männern vorbehalten sein? Ich bin eigentlich froh, dass die Option für mich als Frau nicht infrage kommt. Beim Papst hatte ich lange Zeit den Eindruck, dass er ein übergeordneter Mensch sei mit fast gottähnlichen Eigenschaften. Die Aussage von Papst Franziskus – »Ich bin auch Sünder« – hat dieses Bild korrigiert. Ich kann ihn gut als Oberhaupt der Kirche und Nachfolger Petri akzeptieren.

Als Protestant legt man großen Wert auf die Bibel. Ich erlebte nun »normale« Katholiken, die sich sehr gut in der Schrift auskannten und die Bibel in den Zusammenhang mit Glauben und Leben stellten. Sie nutzen die Schatzkammer der katholischen Kirche, was mich beeindruckte.

So wurden die Hürden überwunden und ich konnte den Weg der Konversion endlich zu Ende gehen.

Medjugorje

Nach meiner Konversion dachte ich mir: Jetzt bist du katholisch, dann musst du auch pilgern gehen, und deshalb entschloss ich mich Anfang 2019, mich einer Pilgergruppe zum Marienwallfahrtsort Medjugorje anzuschließen. Ich wusste überhaupt nicht, was mich erwartete, ich konnte nicht einmal einen Rosenkranz auswendig beten. Aber ich hatte einen großartigen Pilgerleiter, der mir Maria nahegebracht hat. Dort habe ich den Rosenkranz schätzen gelernt und bin das erste Mal staunend mit einer unglaublich großen Schar an Mitchristen vor dem Altar gestanden und habe die Eucharistie mitgefeiert – was für eine Dankbarkeit ich dort empfand! Die herzliche und offene Atmosphäre hat mich tief im Herzen berührt. Das habe ich in keiner Gemeinschaft zuvor erlebt. Maria hat mir eine ganz neue Seite von Christus und meiner Gottesbeziehung gezeigt.

Beim Pilgernachtreffen im Dezember 2019 wurde das Projekt eines Medjugorje-Kongresses zu Ehren der Muttergottes vorgestellt und ich war bereit, als Moderatorin dort mitzuarbeiten. Für mich ist es ein ganz großes Privileg, in einer Kirche zu Hause zu sein, die weltumspannend ist, und gleichzeitig in meiner kleinen Pfarrgemeinde mitwirken zu können. Ich habe dort meine geistliche

Heimat gefunden und die Gaben, die mir geschenkt wurden, können dort mit Gottes Hilfe zum Einsatz kommen.[1]

[1] Dieses Glaubenszeugnis wurde von Radio Horeb am 23. Juni 2021 gesendet und von Sylvia und Alfred Sobel verschriftlicht.

Nachwort
Was bedeutet es für den eigenen Glauben, wenn der Ehepartner konvertiert?

Ist eine Konversion heute noch zeitgemäß, wo viele Menschen mit unterschiedlichen Überzeugungen spielen und sie sich aus verschiedenen Religionen, Weltanschauungen und Kulturen zusammenbasteln? Sind Konversionen vielleicht sogar ein Auslaufmodell?

Meine Frau Sylvia Sobel ist im Dezember 2015 in die katholische Kirche eingetreten und lebt seitdem den katholischen Glauben aus voller Überzeugung. Nicht dass meine Frau ungläubig gewesen wäre, nein, sie war Lutheranerin. Getauft wurde sie in Berlin-Neukölln mit 13 Jahren, eine Woche vor der Konfirmation in einer evangelischen Gemeinde, die schon Anfang der Siebzigerjahre ökumenisch gesinnt war. Was sie, die Bibel und protestantische Kirchenlieder so liebt, später an ihrer Kirche störte, waren politisierte Predigten, die karge Liturgie, das Fehlen der Heiligen und das selten gefeierte Abendmahl.

Kennengelernt habe ich meine Frau in der katholischen Studentengemeinde in Berlin. Ich war auf der Suche nach einer Frau, die meinen katholischen Glauben teilt. Da bot sich die Studentengemeinde an, wo ich im Arbeitskreis »Spiritualität« auf sie aufmerksam wurde. Es stellte sich heraus, dass sie evangelisch war, aber bei einem Studienaufenthalt in Toulouse den Katholizismus entdeckt und auch die Liturgie der Dominikaner lieben und schätzen gelernt hatte. Sie erlebte glückliche Stunden in der heiligen Messe, wo eine Liturgie gefeiert wurde, die – wie sie mir wörtlich berichtete – den Himmel erahnen ließ. Sie stieß auf eine katholische Jugendgruppe, engagiert und geisterfüllt, und die Fremde wurde ihr zur Heimat. Die Konfession spielte dort keine Rolle, waren sie doch gemeinsam unterwegs auf dem Weg des Glaubens an den einen Gott, wie sie betont.

Nach der Rückkehr aus Frankreich begann Sylvia evangelische Theologie in Marburg zu studieren. Immer wieder führte sie der Weg in die katholische Studentengemeinde, denn hier wurde eine andächtige Liturgie gefeiert. Noch immer spielte die Konfession keine Rolle für sie, wie sie stets versicherte. Die Trauung erfolgte durch Geistliche beider Konfessionen in einer katholischen Kirche. Sylvias Credo lautete: Gott ist weder katholisch noch evangelisch. Als Trauspruch wählten wir: »In Gottes unendlicher Liebe wunderbar geborgen, vor aller Leistung, trotz aller Schuld.« Nach Abschluss des Studiums wurde meine Frau Lehrerin für Sprachen und evangelische Religion in Berlin.

Die »lästigen« Konvertiten

Konvertiten sind Überzeugungstäter, das sind ihre Worte. Sie sind keine »Opfer« ihrer Erziehung, wie ein in die Konfession hineingeborener Katholik, für den der Glaube oft nur noch Tradition oder Gewohnheit ist. Georges Bernanos sprach einst von »lästigen Konvertiten«. Ja, sie sind lästig, weil sie davon überzeugt sind, dass es eine Wahrheit gibt, für die sie sich einsetzen. Jede Konversion ist ein Glaubenszeugnis. Ein Ehepartner, der konvertiert, ist zugleich eine Anfrage an den eigenen Glauben.

Bis zu dem Zeitpunkt, als ich meine Frau kennenlernte, hatte ich keinen inneren Bezug zu Klöstern, außer dass ich bei gelegentlichen Einkehrtagen dort zu Gast war. Im Vergleich zu den Taizé-Gesängen war mir dort die Gregorianik zu schwerfällig und mit Psalmen konnte ich nur wenig anfangen. Durch meine Frau entdeckte ich die benediktinische »Weisheit des Maßes«: keine Übertreibungen oder

Einseitigkeiten, aber die Leidenschaft, in dem als richtig Erkannten zu verharren.

Die Aufnahme meiner Frau in die katholische Kirche erfolgte unbürokratisch, im kleinen Rahmen. Sie wollte nun offiziell Teil von etwas sein, das ihr Glaubensleben seit Jahren bestimmt und bereichert hatte. Für sie war es das, was auch die Emmausjünger auf dem Weg und beim Mahlhalten mit unserem auferstandenen Herrn erlebt haben: Die plötzliche Gewissheit, dass er im Brechen des Brotes, in der Feier der heiligen Kommunion, leibhaftig anwesend ist. Hinter diese Erkenntnis konnte sie nicht mehr zurück und wollte nun auch offiziell bekennen: Dies ist sein Leib. Sie betont noch immer, dass in der Feier der Eucharistie, der Danksagung, es wirkliche Gemeinschaft mit ihm gibt, der für uns gestorben und auferstanden ist.

Die Bedeutung von Klöstern und Heiligen

Das Mönchtum kann man nur in Klöstern erleben. Von Anfang an erzählte meine Frau begeistert von Aufenthalten in Klöstern, die sie als spirituelle Schätze und geistliche Oasen empfindet, die Orientierung bieten. Auf unserer Hochzeitsreise entdeckten wir in Frankreich ein Benediktinerinnen-Kloster, das uns seit beinahe vierzig Jahren immer wieder freundlich aufnimmt und wo wir unter den Nonnen eine Freundin und geistliche Begleiterin fanden. Bis heute suchen wir regelmäßig im Urlaub Klöster auf, um durch die Gottesdienste sowie die Gespräche mit anderen Gästen und den Ordensleuten spirituell aufzutanken.

In der Studentengemeinde beschäftigten wir uns damals auch mit verschiedenen Heiligen, was Sylvia stark prägte. Sie entwickelte einen selbstverständlichen Umgang mit Heiligen, besonders mit dem hl. Josef. Was meine Frau an ihm faszinierte, sind seine Väterlichkeit, seine Verlässlichkeit und sein Wirken in Demut und Hingabe.

Der hl. Josef, dieser ältere Mann, der ganz im Schatten Marias und seines Ziehsohnes Jesus stand, war für mich hingegen blass und ein schwacher Vertreter meines Geschlechtes. Was mir die Person des hl. Josef schließlich kostbar machte, war, dass er auf seine Träume hörte und sich von ihnen leiten ließ.

Meine Frau und ich waren in den ersten Wochen unseres Verliebtseins für einige Zeit getrennt. Da träumte ich, dass ich unter allen Umständen diese Frau heiraten müsse, um mein Lebensglück nicht zu verpassen. Im Nachhinein bin ich überzeugt, dass Gott in diesen Träumen zu mir gesprochen hat – wie zum hl. Josef.

Auf unseren Reisen lieben wir es, Kirchen zu besichtigen und in ihnen zu beten. Als Erstes suchen wir zumeist nach der Statue von Sylvias Lieblingsheiligen, dem hl. Josef. In katholischen Kirchen gibt es für uns gemeinsam viel zu entdecken und zu ergründen.

Für meine Frau war es schon als Protestantin kein Problem, in den Heiligen Vorbilder zu sehen. Aber als Fürbitter und Mitbeter vor Gott? Da aber Protestanten auch für ihre Mitmenschen zu Gott beten, warum sollte man dann die Heiligen nicht anrufen, das für uns zu tun? Angeregt durch Sylvia stimme ich gerne mit ein in die Anrufung der Heiligen, wobei ich dem hl. Josef inzwischen die hl. Edith Stein zur Seite gestellt habe und ich regen Kontakt mit der hl. Thérèse von Lisieux und – bei Bedarf – mit dem hl. Antonius pflege.

Leibhaftig glauben

Es fällt mir immer wieder auf, dass meine Frau es schön findet, Gebete durch Gesten und Rituale zu unterstreichen. Ihr Augenmerk liegt dabei auf dem Kreuzzeichen, das ich auch für mich neu entdeckt habe. Als Katholik ist man ja das Kreuzzeichen gewohnt – man macht dieses Segenszeichen oft gedankenlos. Sylvia lehrte mich, dass es eine Erinnerung ist an die Dreieinigkeit, an Jesu Kreuz, an die Taufe – und ein Exorzismus, durch den der Heilige

Geist den Teufel in seinen Anläufen verjagt. Als Stoßgebet im Alltag eignet sich das Kreuzzeichen hervorragend. Gehen unsere erwachsenen Kinder auf Reisen, bekommen sie ein kleines Kreuz mit einem Gebet auf die Stirn gezeichnet, worum mittlerweile auch die jüdische Freundin des ältesten Sohnes bat.

Meine Frau hat den Brauch, Namenstag zu feiern, für die gesamte Familie eingeführt. Seit sie katholisch ist, beglückt sie in der säkularen Berliner Schule auch Lehrerkollegen, die Thomas, Hildegard oder Martin heißen, mit kleinen Geschenken zum Namenstag und mit biografischen Hinweisen auf das Leben des jeweiligen Heiligen.

Meine Frau und ich waren lange Zeit auf der Suche nach einer Gemeinde mit glaubensstärkender Liturgie. Wir fanden sie in einer Nachbargemeinde, wo Pfarrer Daum mit Begeisterung und Andacht die Liturgie feiert. Wie sich herausstellte, ist auch er Konvertit, und von der ersten Beichte bei ihm erzählt meine Frau heute noch gern.

Mit einer Konvertitin das Leben zu teilen bedeutet, den Reichtum des eigenen Glaubens wiederzuentdecken, um gemeinsam auf dem Weg zu Christus zu sein. Dafür bin ich meiner Frau Sylvia sehr dankbar.

Alfred Sobel

Zu den Autoren

Alfred Sobel, geboren 1954 in Wiesbaden, verheiratet mit Sylvia Sobel, drei erwachsene Kinder, Studium der Theologie und Bibliothekswissenschaft in Mainz, Toulouse und Berlin, Autor und Theologe.

Buchveröffentlichungen:

- Der Streit um Drewermann (1992)
- Pubertät für Anfänger, Graefe & Unzer 2012 (mit Sylvia Sobel)
- Gute Ehen werden in der Hölle geschlossen (Über Hugo Ball und Emmy Hennings) fe-Verlag 2015
- Stärke fürs Leben entwickeln: So meistern Sie den Alltag mit einem behinderten Kind. Neufeld Verlag 2018 (mit Sylvia Sobel)
- Spirituelle Schätze entdecken. Was wir von Männern und Frauen Gottes lernen können, Bernardus Verlag 2021 (mit Sylvia Sobel)
- Konvertiten. Katholisch geworden, Patmos Verlag 2024.

Zahlreiche weitere Veröffentlichungen in Rundfunk, Zeitschriften und Zeitungen.

Sylvia Sobel, geboren 1960 in Berlin, verheiratet mit Alfred Sobel, drei erwachsene Kinder, Studium der Theologie, Sprachen und Pädagogik in Toulouse, Marburg und Berlin, pensionierte Lehrerin, Schulmediatorin, Autorin und Theologin.

Buchveröffentlichungen:

- Pubertät für Anfänger, Graefe & Unzer 2012 (mit Alfred Sobel)
- Stärke fürs Leben entwickeln: So meistern Sie den Alltag mit einem behinderten Kind. Neufeld Verlag 2018 (mit Alfred Sobel)
- Spirituelle Schätze entdecken: Was wir von Männern und Frauen Gottes lernen können. Bernardus Verlag 2021 (mit Alfred Sobel)
- Franziskus von Assisi für Anfänger, epubli 2024.

Zahlreiche weitere Veröffentlichungen in Rundfunk, Zeitschriften und Zeitungen.